BERNADETTE SOUBIROUS

MARCELLE AUCLAIR

BERNADETTE SOUBIROUS

2ª edição

Tradução de
Armando Braio

São Paulo
2022

Título original
Bernadette

Copyright © 2022 Quadrante Editora

Capa
Gabriela Haeitmann

Dados Internacionais de Catalogação na Publicação (CIP)

Auclair, Marcelle
    Bernadette Soubirous, Marcelle Auclair; tradução de Armando Braio – São Paulo : Quadrante, 2022

    Título original: *Bernadette*
    ISBN: 978-85-7465-384-6

    1. Bernadette Soubirous, Santa 2. Biografia 3. Maria I. Título. II. Série.

CDD-270

Índice para catálogo sistemático:
1. Santos cristãos : Biografia : Maria 270

Todos os direitos reservados a
QUADRANTE EDITORA
Rua Bernardo da Veiga, 47 - Tel.: 3873-2270
CEP 01252-020 - São Paulo - SP
www.quadrante.com.br / atendimento@quadrante.com.br

Sumário

Carta-Prefácio de Sua Eminência o Cardeal Feltin 7

BERNADETTE EM LOURDES

História de uma senhora de branco 15
    «Uma Senhora de Branco...» 21

Rosa misteriosa... 31

«Volta a Massabielle!» 39

Quem são esses Soubirous? 51
    A Viúva Castérot 51
    Um casamento de amor 53
    A jovem moleira 54
    A jovem mãe.. 56
    Bernadette com a ama de leite... 58
    A vida no lar dos Soubirous.. 59
    Uma herança 63
    A antiga prisão... 64

Quem é essa Bernadette? 67
    A Pastora de Bartrès 72

Quem é essa Senhorita? 81
A cidade inteira comenta 95
As autoridades envolvem-se no caso 107
Estrela da manhã 123
   O juiz e o pároco 133
O Anúncio feito a Bernadette 145

BERNADETTE EM NEVERS

P. P. Bernadette 155
Uma religiosa como as outras 167
«A minha ocupação é estar doente...» 175
«Simples com todas as pessoas...» 185
Simples com Deus 193
Pobre pecadora 203
Bibliografia em forma de ação de graças 215
Hoje, em Lourdes e no mundo inteiro 217

Apêndice 219
   Carta encíclica - *Le pèlerinage de Lourdes* 220
   No 150º aniversário das aparições 227

Cronologia de Santa Bernadette Soubirous 233

Carta-Prefácio de Sua Eminência o Cardeal Feltin

Todo o mundo cristão se prepara para celebrar o centenário das Aparições da Virgem em Lourdes. Em 1958, milhões de peregrinos irão rezar à gruta de Massabielle. Outros, mais numerosos e de todos os países e de todas as línguas, estarão unidos, em pensamento e com o coração, às manifestações religiosas que se sucederão em Lourdes no decurso do ano que será o ano mariano da súplica.

Já no dia 2 de julho de 1957, Sua Santidade o Papa Pio XII, por meio de uma Carta dirigida aos fiéis de todos os continentes, instou-os a participar desse encontro mariano que deve constituir um marco na renovação da vida espiritual dos católicos. Após haver relembrado a posição ímpar que o «evento de Lourdes» desempenha há um século na crença e piedade dos filhos de Deus que fazem parte do corpo vivo da Igreja, o Soberano Pontífice específica, na sua Carta, o sentido da mensagem da Virgem a Bernadette, acentuando o seu valor permanente, mais atual do que nunca.

Ora, essa mensagem acha-se estreitamente relacionada com a vida da jovem vidente, cuja missão consistiu em transmiti-la ao mundo, dando testemunho da verdade daquilo que dizia e suscitava. Contudo, para que essa comprovação assuma pleno valor e arraste o nosso assentimento, compete-nos saber quem era aquela que declarou ter visto e ouvido a Virgem.

Para nos levar a conhecer a pequena pastora sem instrução, criança simples e modesta, cândida e leal, Madame Marcelle Auclair escreveu a história daquela que foi a filha privilegiada da Virgem, a quem viu, na cavidade de um rochedo, cercada de um halo luminoso. Recolheu as suas palavras, repetindo-as escrupulosamente, atestou a autenticidade do relato com uma desconcertante segurança, e, até o seu último momento de vida, continuou maravilhada diante da simples evocação do olhar e do sorriso da bela Senhora de branco de Massabielle.

Convinha que essa história maravilhosa e emocionante fosse relatada por uma mulher, e sinto-me grato à autora por haver escrito este livro. Redigiu-o com a fina sensibilidade de um coração intuitivo e – o que é mais importante – com um acento de ternura humana, quase materna. Durante toda a narrativa, perpassa uma luz suave e um frescor de sentimento que constituem a atmosfera natural da obra. Não surpreende, pois, que Madame Marcelle Auclair tenha concluído o seu relato com estas palavras que brotaram do seu íntimo: «Agradeço a Deus pela alegria que este trabalho me proporcionou».

>Maurice Cardeal Feltin
>Arcebispo de Paris, Vice-Presidente da Comissão Internacional do Centenário das Aparições.

>Paris, 1º de novembro de 1957.

Para a história, relato o que verdadeiramente se passou; que todos se reportem àquilo que eu disse nas primeiras vezes. Desde essa época, posso ter esquecido uma coisa ou outra, e os outros também podem tê-las esquecido. Tudo o que for escrito da forma mais simples, isso é que será o melhor...

Bernadette

BERNADETTE EM LOURDES

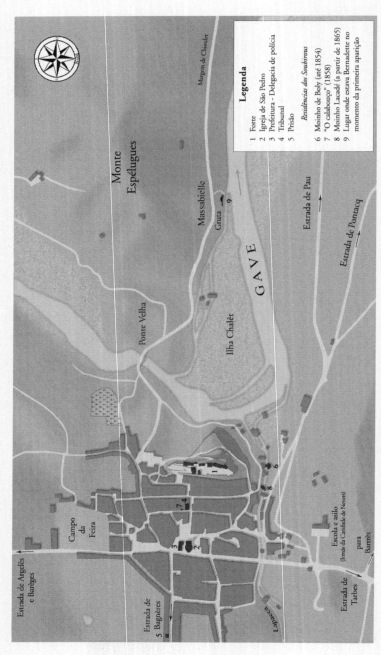

Mapa de Lourdes e arredores na época das aparições.

História de uma senhora de branco

A terra árida rejubilar-se-á. Florirá como o lírio.

Isaías 35, 1

— Meu Deus! Já não temos lenha!

«Já não temos lenha!», «já não temos pão, já não temos farinha...» — são essas as palavras que comumente se ouvem no casebre dos Soubirous. Esse antigo cárcere da municipalidade é pior que um casebre. Ali se amontoam pai, mãe e quatro filhos. Três miseráveis camas, um baú desmantelado onde se acumula roupa branca puída, duas cadeiras, alguns pratos avermelhados de barro..., nisso consiste todo o mobiliário da casa. E nessa velha construção pululam baratas, pulgas, piolhos etc. Contudo, embora a miséria amontoe a família Soubirous num só cômodo, todos se acham estreitamente unidos por uma mesma afeição.

Na véspera do dia 11 de fevereiro, a mãe dissera:

— Se amanhã fizer bom tempo, irei recolher um feixe de lenha.

Mas nesse dia não fazia bom tempo. Através das estreitas janelas protegidas pelas velhas grades da cadeia desativada, filtrava-se a luz opaca de uma nesga de céu plúmbeo, e o cheiro fétido do estrume acumulado no pátio insinuava-se pelas frestas. Mas Louise Soubirous preparava-se para sair.

Nisso, a porta entreabriu-se e entrou uma adolescente de uns doze anos com o irmãozinho agarrado à sua saia.

– Vai sair?

– Vou ao bosque.

– Ao bosque? (Os olhos de Jeanne Abadie, conhecida como Jeanne Baloum, faiscaram de alegria). E se Bernadette, Toinette e eu fôssemos também?

Já Bernadette ia em busca de um cesto:

– Vamos! Além de lenha, traremos ossos!

Era a oportunidade de conseguirem algumas moedinhas. Quando saíam, recolhiam pedaços de ossos ou sucata, e depois vendiam-nos à trapeira Alexine Baron.

– Podem ir vocês duas, Jeanne e Toinette, mas não Bernadette, que está muito resfriada.

A pequena disse timidamente:

– Lá em Bartrès, eu saía!

Bartrès era a aldeia onde até um mês atrás Bernadette morava com a sua ama de leite e pastoreava o rebanho. Ali, ao ar livre, não tossia, como acontecia agora, que estava encerrada entre quatro paredes.

– Está bem – disse-lhe a mãe –, podes ir. Mas coloca na cabeça a tua capucha[1].

---

(1) Espécie de capuz para meninas. (N. T.)

Por cima de um lenço de algodão desbotado, bem cingido em volta da cabeça, pôs a capucha de lã branca amarelada, que fora comprada de um revendedor em frente da igreja. As crianças da família Soubirous só tinham coisas usadas. Em lugar de sapatos, tamancos. Por causa da asma, apenas Bernadette tinha o direito de usar meias de lã.

A rua dos Petits-Fossés

Eis, portanto, as três meninas a caminho do bosque, levando o cesto em rodízio, percorrendo de tamancos toda a rua dos Petits-Fossés, mais tarde rua do Baous. Toinette Soubirous saltitava, Jeanne Baloum tagarelava e Bernadette – a mais velha das três – caminhava comportadamente, em silêncio. Fizera já catorze anos, mas, como era de estatura muito pequena e frágil, aparentava dez. O seu rosto tinha um aspecto gracioso e roliço, ainda tisnado pelo ar quente de Bartrès e, no branco do olho, discernia-se uma pupila escura, mas translúcida.

Contornam o cemitério, atravessam a campina do Paradis, em direção à ponte, recolhendo lenha e ossos aqui e acolá.

Debaixo da ponte, uma velha senhora de touca branca lava tripas de animal na torrente do Gave. É meio aparentada com os Soubirous. Bernadette passa-lhe afetuosamente o braço pelos ombros:

— Para quem lava essas tripas, titia?

— Para o sr. Clarens. E tu, minha pequena, para onde vais com um frio destes?

– Apanhar lenha e ossos.

Davam grande importância a esse material: se com o que recolhessem conseguissem alguns cêntimos para comprar sardinhas!...

– Por que não vão à campina do senhor de la Fitte? Soube que andou derrubando árvores; devem encontrar por lá muitos galhos pelo chão...

Bernadette franze o sobrolho:

– Não, isso não! Seríamos tomadas por ladras.

Quer dizer, por um quase nada as pobres meninas seriam tomadas por ladras... Era uma ameaça bem real.

Efetivamente, no ano anterior, o pai de Bernadette fora arrancado do seu casebre e passara oito dias preso. O padeiro para quem trabalhava, o sr. Maisongrosse, acusara-o de ter furtado dois sacos de farinha. Os soldados tinham ido à sua casa investigar e, só para não saírem de mãos abanando – já que não tinham encontrado farinha –, haviam acusado o sr. Soubirous de ter furtado uma prancha de madeira que viram por lá.

O que acontecera era que, um certo dia, François Soubirous fora a Bartrès em busca de lenha e, ao ver encostada num muro uma prancha de madeira que parecia abandonada, levara-a para casa. Ora, essa prancha tinha um dono. E assim o moleiro fora acusado de *furtos* – no plural – e acabara por trás das grades por uns dias. Bernadette tirara do episódio uma amarga lição de moral: os pobres devem ser mais honestos que os ricos... Tudo se volta contra os pobres...

A titia Pigouno bem sabia a que a menina aludia com a expressão «seríamos tomadas por ladras». Disse-lhe com suavidade:

– Então, busquem nas margens do rio perto de Massabielle. As coisas que acharem por lá não têm dono...

Massabielle? As pequenas conheciam o nome. «Fulano deve ter sido criado na gruta de Massabielle», dizia-se em Lourdes de qualquer pessoa de modos grosseiros.

Massabielle era o feudo do guardador de porcos Samson. Ao som roufenho da sua trompa, logo de manhã cedo, os habitantes de Lourdes reuniam à porta os seus porcos e Samson conduzia-os em tropel até às pastagens das margens do Gave, o rio que passava precisamente por Massabielle. Para que pudesse conduzi-los ao terreno da municipalidade, fora-lhe preciso abrir uma picada no meio da mata. Massabielle era um canto tão inóspito, que o próprio guarda campestre preferia não chegar até lá. Três crianças inocentes, então, que poderiam fazer naquele local? Buscar uma provisão de lenha para cozinhar a sopa, uma punhado de ossos para vender e comprar pão...

Bernadette, Toinette e Jeanne atravessaram a ponte e dirigiram-se rumo a Massabielle. Naquele ponto, a água do rio era tão rasa que mais parecia uma estrada, praticamente sem fim. Bernadette pôs-se a sonhar:

– E se seguirmos este canal para ver até onde vai?

Toinette pôs-se a rir:

– E se chegar até Betharram, quererás ir até lá?

Bernadette já estivera em Betharram. Rezara em Notre-Dame-du-Beau-Rameau e trouxera de lá para Toinette, como lembrança, um terço bem simples. Sim, retornaria de bom grado a Betharram. Mas, de momento, a questão era encontrar gravetos para aquecer a casa e encher um cesto de ossos que nem os cachorros se disporiam a lamber. Acompanhada pelas outras duas, atravessou a campina e chegou ao rio Gave, que cantarolava entre as suas margens: as margens de Massabielle.

As três avançaram até uma colina escalvada, rochosa, fendida por uma espécie de caverna misteriosa, circundada pelos sarmentos de uma roseira-brava. Era verdade o que lhes dissera a velha Pigouno: a água arrastara em quantidade os ramos das árvores cortadas pelo sr. de la Fitte. E, debaixo da gruta, da qual o canal as separava, divisaram ossos e gravetos...

— Vamos até lá? — disse Jeanne Baloum.
— Vamos! — exclamou Toinette.

Ambas carregavam um feixe de gravetos recolhidos ao longo do caminho. Bernadette não conseguira grande coisa.

A água passava à beira da gruta. Jeanne tocou-a com a ponta do pé descalço.

— Está gelada! Será que vale mesmo a pena ir?
— Vamos de qualquer jeito!

Jeanne atirou os tamancos para o outro lado do canal, equilibrou o feixe de lenha na cabeça e arregaçou a saia para passar a vau: a água deu-lhe pelos joelhos. Toinette seguiu-a e ambas gritavam e riam ao mesmo tempo.

— Baixai a saia!, disse-lhes Bernadette.

Bem que queria segui-las, mas, além de, por pudor, relutar em arregaçar a saia, pensava que, se o frio fizesse piorar o seu resfriado, a mãe ralharia com ela.

Agachadas na outra margem, Toinette e Jeanne choravam de frio e cobriam os pés congelados com as suas saias de lã.

— Agora é a tua vez! Também podes fazer como nós! — gritaram-lhe.

— Então, ajudai-me a jogar pedras grandes na água para que eu possa passar sem molhar-me!

— É só querer! — gritou Jeanne. — Senão, fica onde estás, raios![2]

A palavra não chegava a ser uma imprecação, mas envergonhou as duas meninas e ambas se afastaram a correr em direção a uma encosta no mato. Só se voltaram quando ficaram fora do alcance dos protestos da mais velha. Foi então que Toinette viu a irmã de joelhos do lado de lá:

— Olha, Jeanne! Olha lá em baixo: Bernadette está de joelhos e reza!

— Deixemo-la! Essa carola não sabe fazer outra coisa senão rezar! E quem é que recolhe os feixes de lenha e os ossos? Nós duas!

Um par de tamancos infantis

«Uma Senhora de Branco...»

Quando Toinette e Jeanne desceram da colina, Bernadette, ainda de joelhos, tinha os olhos postos no nicho.

A irmã chamou-a:

— Bernadette! Bernadette!

A menina não respondeu nem voltou a cabeça.

---

(2) No original, *pèt de périclé*, uma expressão local.

— Bernadette!

Como não se mexia, Toinette avançou e atirou-lhe uma pedrinha duas vezes. Atingida no ombro, Bernadette nem mexeu a cabeça.

Toinette desceu até o canal para olhá-la mais de perto, e pareceu-lhe que estava lívida e como que paralisada. Nunca a vira assim. Disse à Jeanne:

— Está tão pálida que parece morta. Estou com medo!

Mas Jeanne não se assustava por tão pouco:

— Se tivesse morrido, estaria caída no chão.

De qualquer modo, só para certificar-se, Toinette queria voltar a atravessar o rio.

— Se tivesses tanto frio como eu, não falarias em tornar a entrar na água — disse Jeanne.

À palavra «frio», Bernadette voltou à sua cor natural e olhou para as companheiras. A irmã gritou-lhe:

— Que fazes aí?

— Nada.

— Que tolice rezar num lugar destes...

— As orações são boas em qualquer lugar.

Levantou-se e, arregaçando com recato a saia, atravessou a corrente. Assim que enfiou os pés na água, exclamou:

— Meu Deus, como elas mentem! Disseram que a água estava fria! Está tão quente como a água em que lavamos os pratos!

Uma vez juntas, Bernadette perguntou-lhes:

— Vistes alguma coisa?

— Não! E tu viste?

— Deixemos estar. Vamo-nos embora.

Toinette observou que a irmã estava de cara mais séria do que habitualmente: percebia-se que pensava em alguma coisa.

Assim que se puseram a caminho, perguntou-lhe:

— Como é mesmo? Viste alguma coisa? Que foi que viste?

Bernadette calava-se. Toinette insistiu:

— Alguma coisa te deixou assustada!

Bernadette estava com o coração a ponto de explodir. Falar iria trazer-lhe algum alívio:

— Se me prometes guardar segredo, digo-te. Não quero que fales disto em casa, porque a mãe me ralharia.

Toinette prometeu. Bernadette disse de um fôlego:

— Vi uma luz e depois uma senhora vestida de branco[3], com uma faixa azul na cintura e uma rosa amarela sobre cada pé.

— Dizes-me isto para me assustar, mas eu não tenho medo, agora que estamos quase chegando a casa...

As duas irmãs ficaram caladas por um certo tempo. Quando se aproximavam de uma serralharia, Bernadette disse:

— Estou cansada. Descansemos um pouco.

E como que falando consigo própria, acrescentou:

— Meu Deus, como gostaria de voltar àquela margem de Massabielle!

---

(3) Quando Bernadette fala da aparição, no inicio, diz «uma senhora», «uma moça»; também emprega os termos «pequena senhorita», «senhorita», e até mesmo «aquilo...»,»eu vi aquilo...». Foi somente no decorrer das aparições seguintes que, impressionada pelo respeito manifestado pela multidão, passou a adotar o uso da expressão «a Senhora».

Toinette julgou que a irmã troçava dela e irritou-se tanto que tirou uma vara do seu feixe de lenha e lhe bateu várias vezes:

– Quando vais parar de dizer besteiras?

Mas Bernadette não procurou defender-se nem revidar os golpes. Pensativa, calava-se. A irmã deixou de bater-lhe.

– Acredita em mim, Toinette. Eu não conseguia nem sequer fazer o sinal da cruz; só o fiz quando vi que a senhora de branco o fazia... Nesse momento, alguma coisa me obrigou a levar a mão à testa. Fiquei com medo, mas não tive vontade de fugir. E quando fiz o sinal da cruz, o medo passou... Lembra-te bem de que me prometeste não dizer nada em casa!

Toinette lembrava-se perfeitamente da sua promessa, mas o compromisso pesava-lhe mais do que a lenha que carregava.

Assim que chegaram a casa, cada uma descarregou o seu feixe de lenha junto da porta. A mãe estava com os filhos menores, enquanto o pai, adoentado, dava voltas na cama. Debruçada sobre uma tábua que servia de mesa, Toinette tomou um caldo de «milhoc», de milho com leite.

Como era fraca de saúde, Bernadette tinha direito a um naco de pão, e foi comê-lo no corredor, talvez com medo de que alguma coisa nela traísse o seu segredo.

A mãe disse a Toinette:

– Vem aqui para que te penteie.

Soltou os longos cabelos empoeirados da filha mais nova que, tentando reprimir a comichão que sentia de contar o que Bernadette lhe dissera, fez «hum!» três vezes.

– Estás com tosse? Estás doente? – perguntou-lhe a mãe.

– Não. Mas vou-lhe dizer uma coisa que Bernadette me contou...

E bem baixinho, olhando na direção da janela, para que Bernadette não a ouvisse, repetiu à mãe o que vira e ouvira da irmã: no começo, Bernadette de joelhos na gruta, tão pálida que parecia morta...; depois, confidenciando-lhe o que vira.

– Só faltava essa!, gritou a mãe.

Chamou Bernadette:

– Que história é essa, minha filha?

Bernadette não pareceu assustar-se com a cólera da mãe. Foi simplesmente contando:

– Ia pôr o pé na água, para seguir Toinette e Jeanne, quando ouvi um barulho. Olhei para cima e percebi que os choupos da margem e os espinheiros diante da gruta se agitavam de repente, como se um vento os balançasse. Mas nada se mexia em volta. E, num instante, vi uma figura branca...

– Uma figura branca?

– Sim, uma senhorita de branco, mais ou menos do meu tamanho. Saudou-me com uma leve inclinação de cabeça. Fiquei com medo e esfreguei os olhos, mas «aquilo» não saía dali. E sorria...

A mãe não deixou a filha continuar. Pegou uma vara e começou a bater indistintamente em Bernadette e Toinette. Toinette procurava escapar correndo à volta do cômodo, mas Bernadette recebia as pancadas sem se mexer e sem dizer palavra.

— É por tua culpa que a mãe me bate, gritava Toinette para a irmã.

Já mais calma depois de castigar as filhas, Louise Soubirous disse por fim:

— Os teus olhos enganaram-te, Bernadette. Deves ter visto alguma pedra branca.

A menina meneou a cabeça:

— Não! A figura de branco era bem delicada. Tinha um belo rosto...

O ar grave de Bernadette tocou a mãe:

— Se foi assim, devemos rezar. Talvez seja a alma de algum dos nossos parentes que está no purgatório...

Agora era o pai que, do leito, repreendia a filha:

— Esta Bernadette começa a fazer tolices! Pobres de nós! Isso só pode ser coisa má!

— Teu pai tem razão. O que sentiste foi medo; ver mesmo, não viste nada. Seja como for, proíbo-te de voltar à gruta!

De coração oprimido, Bernadette prometeu. Seguiu-se um silêncio pesado, entrecortado pelos suspiros da mãe e pelos resmungos do pai. Bernadette e Toinette trataram de juntar os ossos encontrados até esse dia. Apareceu Jeanne Baloum, o que veio bem a calhar, porque não se continuou a falar do assunto.

As três pequenas foram apressadas procurar a trapeira, que lhes pagou seis centavos pelos ossos. Com esses trocados, conseguiram meio quilo de pão. Eram quase cinco horas e já anoitecia quando retornaram ao tugúrio.

— Jeanne — disse subitamente a sra. Soubirous —, por acaso também viste alguma coisa em Massabielle?

A gruta de Massabielle em 1858.

— Vi que chovia. Também vi Bernadette ajoelhada, em vez de estar juntando lenha. Disse-lhe que isso não estava certo...

— Mas viste uma jovem de branco?

— Uma jovem de branco? Bernadette viu uma jovem de branco? Ah, então é por isso que ficou de repente tão esquisita...

E, olhando para Bernadette, perguntou-lhe:

— Viste uma menina de branco? Onde?

— Na gruta.

— Atrás do espinheiro?

— Sim. Tinha os pés sobre o musgo da rocha.

O pai mandou-as calar-se:

– Menina, não fales disso em casa. Bernadette sonhou...

E Jeanne Baloum prometeu ficar calada. Mas o que reteve daquela troca de palavras foi que as suas amigas Bernadette e Toinette tinham sido proibidas de voltar às margens de Massabielle, embora lá pudessem encher um cesto de ossos. Que pena! E foi-se embora resmungando: «Bernadette com essa história da moça de branco! Raios!»

No casebre dos Soubirous, todos costumavam deitar-se cedo para não terem de acender as velas. Aliás, um naco de pão e uma lasquinha de queijo como jantar não dão vontade de ficar acordado.

Só que ninguém se deitava sem ter feito as orações da noite, todos ajoelhados ao pé da cama do pai. Nessa noite, além das orações habituais, Bernadette rezou o terço por intenção dos Castérot e Soubirous falecidos. Toinette, que caía de sono, olhava a irmã para ficar desperta. Lembrava-se do momento em que a vira de joelhos diante da gruta. Teria ela realmente visto alguma coisa?

Ao fim de cada dezena, com as Ave-Marias pronunciadas devagar, Bernadette dizia: «Ó Maria, concebida sem pecado, rogai por nós, que recorremos a Vós!»[4] De cada vez que o dizia, empalidecia como em Massabielle, e as lágrimas escorriam-lhe pela face.

– Bernadette!

---

(4) Essa oração já era bastante difundida em todo o mundo graças à devoção da *medalha milagrosa*, que se originou em 1830 com as aparições da Virgem a Santa Catarina Labouré (1806-1846). Bernadette, contudo, repetia-a sem compreender o seu significado. (N. E.)

Ficou tão pálida que a mãe receou vê-la desmaiar. Apesar de o marido lhe ter dito que ficasse quieta, saiu de casa a correr e foi ter com duas vizinhas.

Bernadette recuperara a sua cor habitual, mas não parava de chorar.

Louise contou às vizinhas que a pequena imaginara ter visto uma jovem de branco na gruta de Massabielle. As vizinhas não cabiam em si de pasmo.

– Não digam nada a ninguém, pois Bernadette não voltará a Massabielle. Proibi-a de ir lá!

Contou-lhes que a filha lhe tinha dito:

– Não vou mais.

– Promete-me. Já temos desgraças mais que suficientes!

– Prometo.

Também as vizinhas prometeram não dizer nada a ninguém.

Nessa noite, as duas vizinhas contentaram-se com tagarelar um bom tempo, à soleira da porta, em plena escuridão da noite.

Rosa misteriosa...

Quem é essa que surge como a aurora?
Cântico dos Cânticos 6, 10

Na sexta-feira, as duas meninas Soubirous retornaram às aulas. Frequentavam a escola gratuita do asilo. As freiras mal conheciam Bernadette, que se tornara aluna delas havia menos de um mês. Não tinha nada de notável a não ser o dom de não se fazer notar. Se não aparentasse ter dez anos, seria de admirar que, aos catorze, não soubesse ler. Passava tão despercebida que nem ocorria ao padre encarregado da catequese tomar-lhe a lição: seria incapaz de responder corretamente às perguntas. Só se animava durante o recreio, ao girar a corda para fazer saltar as outras: ela mesma não podia saltar por causa da asma.

Nem Toinette nem Jeanne Baloum foram capazes de segurar a língua naquele recreio da sexta-feira. Ao fim de

quinze minutos, a escola inteira já sabia que a irmã de Toinette «tinha visto alguma coisa à beira do Gave».
— A irmã da Toinette? Aquela que guardava os carneiros?
— Ela pensa que é Joana d'Arc!, dizia uma das meninas mais crescidas.
Dez garotinhas cercam Bernadette:
— Então, viste uma menina de branco em Massabielle?
Bernadette enrubesce até à raiz dos cabelos e responde mansamente:
— Vocês não têm nada com isso! Deixem-me em paz!
— Jeanne Baloum disse que a tua menina de branco tinha um terço na mão.
— E se fosse a Virgem?
— E se fosse o diabo?
Bernadette procura escapar dos risos de mofa e das mãos que a agarram pela saia.
— Não te soltamos sem que nos contes tudo!
— Calai-vos todas vós!
A mais crescida, a que tinha mencionado Joana d'Arc, demonstra ter autoridade. As meninotas calam-se. E Bernadette acalma-se subitamente, fica de cara séria, e todas se espantam com a sua gravidade.
Jeanne faz coro com as outras:
— Conta, Bernadette. Se não dizes nada, vão pensar que ontem mentiste.
E Bernadette começa a contar. Diz que ouviu o ruído de uma rajada de vento e, quando se virou para olhar, viu agitar-se a ramagem da roseira-brava suspensa da gruta e, ali, uma luz branca. Uma luz branca que tinha a forma

de uma jovem de branco. E a jovem de branco sorria. Era mais bela que ninguém. Uma bela senhorita.

— Como estava vestida?

— O seu vestido branco descia até os pés descalços. Sobre cada pé, uma rosa amarela, de uma beleza que não se vê na terra.

— Rosas amarelas... Rosas de ouro?

— Quem é essa senhorita que não tem sapatos? — diz uma menina zombeteira.

— O que tem na cabeça? Um chapéu?, diz outra.

Mas nada perturba Bernadette:

— Tem na cabeça um véu branco.

— Toda de branco?

— Uma grande faixa azul na cintura.

— Mentirosa!

Ouviu-se um estalo: Sofia Pailhasson, filha do farmacêutico, esbofeteou Bernadette. Seguiu-se um rebuliço. A Irmã Damien acorreu ao local.

— Dei-lhe uma bofetada, Irmã, porque disse que viu a Virgem Maria!

— Não foi o que eu disse; disse que vi «uma jovem de branco».

A Irmã Damien não levou muito a sério a bulha. Mas impressionou-se com o ar ingênuo e sincero da menina e levou-a de lá delicadamente, sem nenhuma brusquidão:

— Diz-me o que viste...

Bernadette descreveu novamente a donzela de branco.

— Não maior do que eu... Não de mais idade que eu... Era uma senhorita...

Sim, ela não pudera fazer o sinal da cruz senão depois de «aquilo» o ter feito primeiro.

A Irmã disfarça um sorriso: a pequena sonhou, mas não há sombra de maldade nela. É preciso evitar um escândalo, o que levaria as colegas a viver no encalço dela. Porque essa Bernadette é tão gentil e bondosa!... E os seus pais são gente tão pobre!...

– Não fales mais do que viste. Os outros irão caçoar de ti. Volta para a sala de aula. Pensa sobretudo em estudar melhor, está bem?

À noite, ao voltar da Escola dos Irmãos da Instrução Pública cristã, o irmão de Bernadette, Bernard-Pierre Soubirous, conta à mãe que o Irmão Léobard também ouvira falar da senhorita de branco e lhe dissera: «Diz à tua irmã que gostaria muito de conversar com ela».

Quanto a Louise Soubirous, continuava a suspirar: «Pobres de nós! Como somos infelizes! Vai, filha, vai falar com o Irmão».

E lá vai Bernadette. Repete a mesma história. Por sua vez, o Irmão Léobard dá-lhe o mesmo conselho da Irmã Damien: «Esquece tudo isso! Bem vês que estão caçoando de ti».

A criança não compreende por que troçam dela. A lembrança de um sorriso naquela gruta conserva a paz no seu coração. A caminho de casa, encontra Toinette, que tagarelava com um grupo de meninas, na rua dos Petits-Fossés. Vendo-a, as engraçadinhas racham-se de rir:

– Então, quer dizer que viste uma alma do Purgatório?

– Não disse isso... Toinette, vamo-nos embora!

O seu tom de voz é tão categórico que Toinette lhe obedece. Bernadette repreende-a com bondade:

– Toinette, fecha a boca! Não vês o que conseguiste com os teus diz-que-diz? Fizeste-me ser repreendida pela mamãe, depois pela Irmã Damien, depois pelo Irmão do Colégio. Se toda a gente se puser a falar disto, não poderei voltar a Massabielle. Mas alguma coisa me obriga a voltar lá...

— O quê? Queres voltar lá?

Toinette está contente porque tem uma boa novidade para contar à mãe. Dá voltas em torno dela, até encontrar o momento de lhe cochichar ao ouvido:

— Bernadette diz que alguma coisa a força a ir a Massabielle!

Alguma coisa! A jovem de branco! «Ai de nós! Pobres de nós!» Louise lança nas mãos de Bernadette um monte de peças de roupa para cerzir:

— Ponto final nessa história! Nem me fales mais dessa ideia de voltar lá! Não vais mais à gruta! Entendeste-me?

Bernadette senta-se. Procura enfiar a linha na agulha, mas as lágrimas embaciam-lhe os olhos. Com a alma dorida, não consegue assentir.

Louise repete:

— Entendeste-me? Responde! Àquela gruta não voltas mais! Promete! Queres que teu pai e eu morramos de vergonha?

Bernadette responde:

— Prometo.

Ah! Essa Toinette e a sua língua! Como se arrepende de lhe ter contado o que se passara! Agora a mãe vai encasquetar-se.

Marie Labayle diz a Toinette:

— És uma idiota! Teria sido tão divertido acompanhar a tua irmã à gruta!

E uma após outra, todas as meninotas do bairro, desde a manhã do sábado, tentam insidiosamente convencer Bernadette:

— Amanhã é domingo! Ninguém tem aulas! Vai a Massabielle! Não tenhas medo! Nós vamos contigo!

— Bem que eu quereria; mas a mamãe disse-me que não...

Não é que Louise fosse de uma severidade implacável: a ternura que sentia pelos filhos fazia-a vulnerável. Quanto a Bernadette, temia sobretudo as tagarelas, que só se calavam quando ela se aproximava, e faziam chacota dela pelas costas; também receava as meninas maldosas que lhe passavam o braço pelos ombros, tentando conquistá-la com agrados:

— Leva-me à gruta! Diz-me, só a mim, quem é a jovem de branco! Tenho a certeza de que sabes!

Mas logo que ela dizia a uma e outra que não iria, sentia o coração tão apertado que passava perto de meia hora sufocada.

Nesse sábado, mais ou menos às cinco da tarde, Bernadette colocou a sua capucha branca e disse à mãe:

— Vou à igreja.

Louise aprovou. Era preferível que a filha falasse da sua história com o padre, pois este saberia pôr ponto final a essa história.

O padre Pomian estava no confessionário. Recebera Bernadette dias antes, quando ela se inscrevera na catequese de preparação para a Primeira Comunhão, mas não a reconheceu: aquela menina pobre, baixinha, nada tinha que a distinguisse das outras, todas pouco desenvolvidas por subnutrição.

Ora, a menina relatou ao padre que, após ouvir o ruído de uma forte rajada de vento, lhe aparecera uma jovem de branco apoiada na roseira-brava da gruta de Massabielle...

O padre Pomian era um homem afável, de ar paternal. Deixou a mocinha falar à vontade: era bom que as crianças desabafassem por completo o que traziam no coração...

A certa altura, Bernadette perguntou-lhe: «Posso voltar lá?» O padre hesitou. Deveria proibi-la? Deus sabe os estragos que a evocação dessa história podia causar na imaginação daquela mente infantil!

Seria melhor autorizá-la. O mais provável era que a menina não tornasse a ver a jovem de branco e assim se esquecesse bem depressa da alucinação que tivera. Disse-lhe:

— Autorizo-te a ir.
— Amanhã, domingo?
— Quando quiseres... Como te chamas mesmo?
— Bernadette Soubirous.
Esse nome não lhe disse nada.
— Onde moras?
— Na rua dos Petits-Fossés. Meus pais vivem numa casinha conhecida como «o calabouço».
— Quantos anos tens?
— Treze ou catorze.
— Como? — exclamou o padre, escandalizado. — E não vais às aulas de catecismo?
— Foi o senhor mesmo que me inscreveu para as aulas da Primeira Comunhão, senhor padre.

– Ah! Excelente! Procura preparar-te bem!

Quando Bernadette fez menção de retirar-se, o padre acrescentou:

– Tenho ainda uma coisa a dizer-te...

Preocupado em respeitar o sigilo da Confissão – embora a menina, a bem dizer, tivesse feito mais uma confidência do que uma confissão –, pediu-lhe com voz grave permissão para falar com o pároco sobre o que ela vira.

Num tom igualmente grave, a menina respondeu-lhe que sim.

À noite, o padre contou ao pároco, como coisa sem grande importância e com um sorriso:

– Uma menina chamada Bernadette Soubirous, que mora na antiga prisão desativada, veio contar-me que teve uma visão na gruta de Massabielle. Disse-me ter visto uma «senhora de branco», melhor, uma «senhorita», que a cumprimentou, lhe sorriu várias vezes e rezou o terço...

Deu de ombros e passou a tratar com o pároco de assuntos mais sérios.

Quando Bernadette, empolgada, comunicou à mãe que o padre a autorizara a voltar à gruta, Louise Soubirous zangou-se:

– O padre pode ter dito que sim, mas eu te digo que não! E não é não, pronto!

«Volta a Massabielle!»

Acorramos ao suave aroma dos teus perfumes...
                                    Cântico dos Cânticos 1, 3

Quando o carrilhão dos sinos anunciou a missa solene, Bernadette e Toinette, cada uma sob a sua capucha branca, juntaram-se ao grupo das alunas do Colégio, a caminho da igreja. À saída, o enxame das meninas que os pais haviam deixado ir sozinhas esperava com impaciência as duas irmãs.

— Bernadette! Volta a Massabielle! Iremos contigo!
— Bem que gostaria, mas não me atrevo. A minha mãe proibiu-me.
— Tens medo! — disse-lhe Teresa.
— Se eu estivesse no lugar dela, também teria medo. E se for o diabo? — disse Catarina.
— Talvez seja uma alma penada!

— Joga-lhe água benta! Logo verás se a tua jovem de branco vem da parte de Deus — disse Jeanne Baloum. — Vem comigo! Se tens medo de pedir licença à tua mãe, eu peço-a por ti!

Já eram quase onze horas. Defronte da igreja, o povo domingueiro conversava animadamente antes de dispersar-se. Bernadette, porém, sentia-se ansiosa, embora fosse uma ansiedade superficial; no seu interior, experimentava uma grande calma. Voltava para casa sem pressa, pela rua dos Petits-Fossés. A irmã e Jeanne corriam à sua frente e, de vez em quando, gritavam-lhe: «Despacha-te!»

Jeanne irrompeu no lar dos Soubirous.

— Dona Louise! Deixe Bernadette voltar à gruta! Levará água benta e, se a senhora de branco for o diabo, estará perdido! Que risco pode ela correr? O padre permitiu-lhe que fosse!

— Não quero. E se ela cair na água?

— Naquele lugar o rio é tão raso que ninguém se afoga!

— E se vocês não chegarem a tempo das vésperas?

Bernadette deu um passo à frente:

— Voltarei a tempo, prometo.

Louise sabia que a filha sempre cumpria a palavra. Mas três dias antes François ficara muito contrariado com essa história da senhorita da gruta, e a mãe refugiou-se por trás do argumento supremo dos mais fracos:

— Pede permissão ao teu pai. Foi à casa dos Cazenave.

— Acompanho-te, disse Jeanne, que não queria separar-se da heroína do dia.

As outras meninas aguardavam à porta. Bernadette tomou a dianteira, seguida pela sua escolta.

François franziu o sobrolho quando viu a filha. O pobre homem apanhara tanto na vida que, quando alguém de casa vinha procurá-lo no meio do trabalho, sempre receava receber más notícias. E uma das mais desagradáveis era essa história de Bernadette em Massabielle. Quanto menos os pobres dão que falar, melhor. As meninas do bairro, as da escola, todas já haviam feito demasiado barulho. Em duas ocasiões em que o sr. Soubirous passara perto da fonte, várias mulheres tinham-lhe apontado o dedo e rido. Essa Bernadette! Uma menina tão bem comportada como ela! Como podia enganar-se tão redondamente que tomasse uma pedra branca por uma visão celestial!... Era sem dúvida isso que ela vira: uma pedra branca... e mais nada! Empertigou-se:

– Que acontece?

– A mãe deu-me permissão para voltar a Massabielle, se o senhor disser que sim.

– Não! – disse François.

Cazenave interveio:

– Deixe-a ir! É melhor que volte lá e assim compreenda de uma vez que não viu coisa nenhuma.

– E se vir alguma coisa?

– Se vir alguma coisa, «aquilo» não pode ser mau, pois tem um terço na mão.

O sr. Soubirous estava tão transtornado com o assunto, que se pôs a chorar. Só para não parecer que recusava o conselho do vizinho, disse à filha:

– Está bem, vai! Mas não fiques lá mais de quinze minutos.

A menina sentiu-se tão aliviada que se atreveu a dizer:

– Quinze minutos não são suficientes!

– Está bem. Mas tens de estar de volta para a oração das vésperas, como te pediu a tua mãe.

Agora Bernadette tinha pressa.

– O papai disse que sim – comunicou à mãe, enquanto apanhava em cima da chaminé um frasco vazio para a água benta.

Saiu e correu à igreja para encher o frasco na pia de água benta. Nesse ínterim, formaram-se vários grupos, que se puseram em marcha com Toinette e Jeanne Baloum à frente. Eram todas meninas pobres, entre doze e catorze anos, vestidas com roupas remendadas e desbotadas, e os pés sem meias metidos nos seus tamancos.

– Tenho medo! – disse Paulina Bourdeau.

– Eu também – foram repetindo as outras.

Bernadette não ouvia nada. Era como se a paisagem desfilasse velozmente e a obrigasse a fazer o mesmo; parecia-lhe que alguém lhe dizia: «Anda depressa!» As companheiras mal podiam segui-la. Quando chegaram à gruta, encontraram Bernadette ajoelhada. Fizeram como ela. Por último, chegou Toinette, que também se pôs de joelhos. Começaram a rezar o terço.

De repente, Bernadette exclamou:

– Uma luz! Aí está ela!

– Onde isso?

Bernadette passou o braço em volta dos ombros da companheira mais próxima – um gesto de afeto que lhe era habitual – e apontou para a gruta:

– É ali! Está com o terço na mão direita... Olha-nos! Sorri! Levanta os olhos para o céu... Cumprimenta-nos...

Estava no mesmo lugar da última vez. As meninas nada viam.

Marie Millot estava com o frasco de água benta e passou-o a Bernadette:

— Borrifa-a!

Bernadette avançou e aspergiu o rochedo.

— Ainda está aí?

— Sim. Sorri...

— Chega-te mais perto!

Bernadette aproximou-se mais e aspergiu o local mais duas vezes. A «jovem de branco» acenava-lhe e sorria.

Jeanne Baloum estava no alto da gruta com outras meninas. De lá, viu Bernadette jogar a água benta. Zangada porque a amiga não tinha esperado por ela, gritou-lhe:

— Pergunta-lhe se vem da parte de Deus! Ou da parte do diabo! Chega-te mais perto, mais! Por que não te aproximas? Ah! Vou moer de pancadas a tua senhora de branco!

Nisso, uma pedra do tamanho de um pãozinho ricocheteou na rocha em que Bernadette se apoiava e caiu no canal fazendo espirrar a água com estrondo.

Amedrontadas, as meninas fugiram como um bando de pardais chilreantes. Bernadette, hirta, pálida, parecia verdadeiramente uma morta.

Jeanne e as outras desceram do alto do rochedo. Viram Bernadette ajoelhada, imóvel. Duas ou três meninas falavam-lhe, empurravam-na, tentavam tirá-la daquele estado assustador em que conservava os olhos fixos na gruta e parecia não ver nada do que se passava em torno dela.

– Malandra! – disse Marie a Jeanne. – Foste tu que lançaste a pedra!

– Está com os olhos bem abertos – disse Justine Soubis –, mas parece dormir...

Jeanne, a acusada, mostrou-se desorientada:

– Tem o aspecto de um anjo, mas está morta!

E todas se puseram a chorar.

– Bernadette! Que tens? Estás doente? Levanta-te! Vamos embora!

Bernadette continuava estática como uma rocha.

As mais fortes tentaram forçá-la a levantar-se, puxando-a, empurrando-a, mas aquela menina franzina parecia transformada numa estátua de granito. As duas mais aterrorizadas, que só pensavam em fugir, abandonaram na gruta as mais corajosas e correram em busca de socorro.

Como era domingo, todos os moinhos estavam parados, incluído o de Savy, da moleira Jeanne Nicolau, que, juntamente com a irmã Jeanne-Marie, aproveitava um tímido raio de sol do mês de fevereiro para se aquecer um pouco, caminhando à beira do canal. As duas meninas encontraram-nas e disseram-lhes:

– Venham! Ajudem-nos! Bernadette Soubirous está com cara de morta na margem de Massabielle.

Enquanto iam, contaram-lhes a história da «senhora de branco». Chegando ao local, as duas mulheres perceberam que era impossível tirar Bernadette daquele estado de imobilidade. Não havia dúvida de que, com os grandes olhos abertos, o rosto translúcido – como se uma luz vinda de dentro a iluminasse –, e um sorriso radiante de alegria, não poderia estar morta. Mas o que seria então?

— Vou procurar o meu filho — disse a moleira.

Chamava-se Antônio Nicolau, casara-se havia dois anos e era um rapagão forte. Vestira roupa de domingo para ir a Lourdes com os amigos. Acompanhou a mãe e, depois de descerem a ladeira que contornava o nicho, foram encontrar Bernadette, rodeada de três ou quatro meninas, ainda ajoelhada, imóvel, com os olhos voltados para a gruta. Dos seus olhos escorriam lágrimas abundantes, mas no meio das lágrimas sorria e o seu rosto era belo. De mãos postas, desfiava as contas do terço e movia os dedos e os lábios.

O jovem corpulento olhou-a por uns instantes e sentiu-se tomado de uma profunda emoção, em que se misturavam o temor e a alegria. Como agora tinham com elas um homem, as meninas e as mulheres ficaram menos assustadas e deixaram-se contagiar pela admiração e respeito do recém-chegado.

Olhando em direção ao nicho que Bernadette contemplava, o filho da moleira nada viu, mas o rosto da menina estava tão pálido que ele se encheu de compaixão. Não ousou aproximar-se, mas a mãe disse-lhe:

— Pegue-a; vamos levá-la para casa.

Agarrou a menina pelos braços, mas ela, por mais impassível que parecesse estar, resistia à força do jovem. Não gemia, mas notava-se que arfava a cada tentativa de levantá-la.

Por fim, a moleira e o filho puxaram a menina por cada braço e conseguiram pô-la de pé. Antônio Nicolau tentou enxugar-lhe as lágrimas e fechou-lhe os olhos com as mãos, para impedi-la de continuar a olhar para o que só ela via. Procurou até dobrar-lhe a cabeça, mas ela tornava a erguê-la, com os olhos sempre abertos e o mesmo sorriso.

Auxiliados pelas meninas, que a empurravam pelas costas, a sra. Nicolau e o filho tiveram grande dificuldade em fazê-la subir a encosta. Bernadette fazia de tudo para tornar a descer, e foi necessário usar de muita força para impedi-la de voltar. Antônio era um jovem espadaúdo, de vinte e nove anos; para ele, que era também moleiro, um saco de farinha não significava peso nenhum; mesmo assim – dizia –, se estivesse sozinho, teria sido incapaz de tirar Bernadette daquele lugar. O rosto da menina continuava lívido, mantinha o olhar sempre voltado para cima, totalmente alheia ao que se passava à sua volta. Parecia nem ter ouvido as perguntas que lhe faziam. Foi somente à entrada da casa da moleira que baixou os olhos e a cabeça, e o seu rosto recuperou a cor natural.

Fizeram-na sentar-se na cozinha, tendo ao lado as companheiras que a tinham seguido timidamente.

Logo que a viu sentada – sempre calma, como se nada tivesse acontecido –, Antônio disse-lhe:

– Que foi que você viu naquela gruta? Por acaso viu alguma coisa desagradável?

– Não, não! Vi uma senhorita muito bela! Estava toda de branco, trazia um terço e estava de mãos postas.

– Fique aqui, a sua mãe virá buscá-la.

E o moleiro partiu para Lourdes. De passagem, foi ao albergue dirigido pela tia Bernarde, madrinha da menina, e contou-lhe o que acontecera. A tia pôs-se a choramingar:

— Essa pequena! Meu Deus! Por que lhe deu na cabeça ir até esse lugar?! E o que pensou a minha irmã para deixá-la ir até lá?

Antônio meneou a cabeça. E em todo aquele dia só foi capaz de pensar no rosto transfigurado de Bernadette; tinha o coração extasiado.

Toinette correra para avisar a mãe. Encontrou-a na casa da vizinha, Cyprine Gesta.

— Bernadette está na casa da sra. Nicolau. Ela viu a jovem de branco! Quase morreu! Vá buscá-la, mãe!

— Pobres de nós! — gemeu Louise. — E eu, que a tinha proibido de voltar lá!... Por que o pai a deixou ir?

Louise fazia gestos ameaçadores com a mão direita.

— Mãe, digo-lhe que ela está quase morta! — protestou Toinette, que conhecia muito bem o que significava aquele movimento de mão, prelúdio de uma chuva de pancadas.

— Morta ou viva, ela verá o que é bom! Quanto a ti!...

Toinette escapou por pouco da bofetada materna, e a sra. Soubirous foi buscar uma vara, resolvida a usá-la como argumento fundamental para o corretivo que iria dar à outra filha.

A caminho do moinho da sra. Nicolau, Cyprine acalmava a mãe:

— Largue essa vara... Tenho a certeza de que Bernadette já está com medo o suficiente para que nunca mais queira aparecer por lá...

Formavam-se grupos em frente da casa. Todos queriam conhecer os pormenores da senhorita de branco que deixara Bernadette quase morta. A moleira despediu-os à soleira da porta e fez entrar apenas a mãe da menina, a irmã e a vizinha.

Bernadette estava sentada junto do fogo. Recuperara o aspecto habitual de menina do campo, franzina e asmática, exceto por chorar tanto que o seu avental ficara encharcado de lágrimas.

Louise Soubirous explodiu em reprimendas:

— Pequena endiabrada, como fazes todo o mundo correr atrás de ti?

— Mãe, eu não digo a ninguém que me siga!

Louise levantou a mão. Cyprine puxou-a pela manga e a sra. Nicolau interpôs-se:

— Não lhe diga nada! Leve-a de volta para casa e faça-a dormir! A sua filha é um anjo do céu!

Mas como é que um anjo pode trazer tantas perturbações a um pobre lar desta terra?

E Louise Soubirous deixou-se cair numa cadeira, chorando.

— Seja como for, não quero que ela volte lá! Nunca mais!

Mãe e filha regressaram a casa sem trocar palavra. Para Louise, o que se passara nesse dia era como uma grave doença que tivesse posto em risco a vida da filha. No meio da sua cólera, ficara tão assustada, quando Toinette lhe dissera que Bernadette quase tinha morrido, que, naquele momento, só o alívio de ver a filha viva, valia mais que tudo. Mas a inquietação ressurgia nela. Olhava de soslaio para a filha e, pela primeira vez, a expressão séria do rosto da menina causou-lhe espanto e oprimiu o seu coração — à maneira da opressão que sente o coração de uma mãe quando descobre pela primeira vez nos olhos do ente querido das suas entranhas uma centelha de amor. E que amor! O amor dAquele que disse: «Virei como um ladrão». Louise, mulher muito simples, não compreendia o que se passava, e era justamente por não compreender o que se passava que estava assustada.

Nessa noite, limitou-se a dizer ao marido que Bernadette tinha tornado a ver aquela coisa branca, evitando assim reacender a cólera paterna, pois François já estava cheio de problemas.

De cabeça inclinada sobre o prato, os Soubirous tomavam a sopa quando Basile Castérot – que quase nunca vinha visitar a irmã – irrompeu subitamente no casebre. Estava com as feições rubras de cansaço e de indignação:

– Louise! Que história é essa? É decente que se fale assim de Bernadette? Que aconteceu em Massabielle? Que aconteceu de novo no moinho de Savy? Menina, vais fazer-nos ficar doentes, pela dor que sentimos vendo a gente falar de ti! Louise, fecha a tua filha em casa! François, pelo menos uma vez na vida, mostra que tens autoridade! Depois de tudo, só faltaria que voltassem a mandar-te para a prisão!

Humilhado, François levantou a cabeça:

– Prometo-te, Basile, que Bernadette não voltará à gruta.

Mas, em Lourdes, já na noite desse domingo, crescia o rumor de que «uma menina pobrezinha, que mora no antigo calabouço, viu a Virgem em Massabielle».

– A Virgem em Massabielle? Não é para lá que levam os porcos?

Assim bisbilhotavam as comadres. E mais de uma perguntava:

– Quem são esses Soubirous?

Havia muitos Soubirous em Lourdes, mas os Soubirous de Bernadette eram mal vistos e desprezados por irmãos, irmãs, cunhados, cunhadas, assim como pelos quarenta e oito primos-irmãos. Eram tidos como o ramo indesejável da família. O motivo era este: François e Louise Soubirous, além de morarem na antiga prisão, estavam economicamente arruinados.

Quem são esses Soubirous?

Os amigos do pobre odeiam-no e os seus amigos afastam-se dele.

Provérbios 19, 7

Havia um mistério Soubirous. Esse mistério era o amor. Para esses pobres infelizes, tudo era «sofrimento e miséria», mas também tudo era amor. O casamento dos pais de Bernadette, François Soubirous e Louise Castérot, havia sido um casamento por amor. Coisa rara no campo, onde muitas vezes os ditames do coração cedem aos ditames da razão. E – coisa ainda mais rara – continuavam a amar-se e mostravam-se tão indulgentes com as fraquezas mútuas que se esqueciam de cuidar dos negócios da família.

A Viúva Castérot

Quando o moleiro Justin Castérot veio a falecer, estava com pouco mais de quarenta anos, em todo o vigor da idade e plenamente dedicado ao trabalho, desejoso de alcançar uma posição de bem-estar, se não de prosperidade. Com a sua morte, deixava a viúva numa situação embaraçosa.

As qualidades de dona de casa de Claire Castérot não bastavam para fazer o moinho funcionar: era trabalho para homens. Como podia ela sozinha fazer girar a grande roda de pás de madeira sobre o Lapaca, sobretudo quando as neves se derretiam e o riacho se transformava em torrente? Dificilmente poderia também carregar nas costas os sacos de trigo e de farinha e, quer fizesse sol ou chovesse, percorrer a região de carroça. Cabia-lhe ainda receber os clientes com bons modos, interessar-se pela saúde dos respectivos familiares, anotar os pedidos, ter em ordem as contas, sem confundir o *haver* e o *dever*, cuidar da engorda de quantos leitões fosse possível, não se esquecer de pagar anualmente um porco como imposto (o que lhe parecia exorbitante). Isso já era suficiente para tornar pesado o seu dia.

Acrescente-se a isso a tarefa de cuidar dos cinco filhos: de Bernarde e Louise, as filhas mais velhas, de outra de doze anos, Basile, de um menino de onze, Jean-Marie, e da pequenina azougada de dois anos, Lucile.

Justin abandonou este vale de lágrimas num momento crítico. Tivesse vivido um pouquinho mais, e teria conseguido recursos para fazer repicar as velhas mós, reparar as rodas de engrenagem gastas, renovar as peneiras velhas. Na ausência do marido moleiro, que condições teria uma simples mulher de realizar isso tudo, por mais corajosa que fosse? O moinho silenciava-se, as economias derretiam-se. E um «auxiliar» contratado daria mais prejuízo do que lucro.

Para que toda a família pudesse viver, era indispensável, pois, que o moinho girasse. Ora, para o moinho girar, era necessário um moleiro. E, para conseguir um moleiro, o bom-senso impunha que a filha mais velha se casasse: os bons negócios são negócios de família.

Um casamento de amor

O pretendente que se apresentou deu provas de preencher os requisitos necessários: chamava-se François Soubirous e era moleiro e filho de moleiro. Claire Castérot já o vira mais de uma vez ajudar o seu marido nas fainas do moinho. Aconteceu, porém, que o rapaz não se interessou por Bernarde e sim por um pequeno broto de mulher, loira e de olhos azuis, com um sorriso nos lábios e um lenço em volta do pescoço. Era Louise, e ainda não tinha feito dezessete anos. François também não desagradou à moça. Ao contrário, sentiu-se atraída por esse homem de nariz proeminente e fronte marcada pelas rugas características dos taciturnos. Ouvia-a tagarelar meneando a cabeça como um bom papai.

Expressão adequada, esta, a de um *bom papai*. François Soubirous já tinha trinta e cinco anos, e era, portanto, dezoito anos mais velho que a mocinha. Mas havia um problema: quereria a viúva desrespeitar o velho costume de levar a filha primogênita ao altar antes das outras? Em todo o caso, se por um lado Bernarde não tinha pressa em noivar, por outro, a figura do namorador não lhe dizia nada. Quanto à mãe, queria ver Louise feliz em companhia desse François, um homem sério, que chegara àquela idade sem pensar em casamento. Estava, pois, muito mais capacitado para orientar a vida da jovem filha e... para fazer girar o velho moinho.

Seguiram-se os preparativos. O casamento ficou marcado para o dia 19 de novembro de 1842. Mas o homem propõe e Deus dispõe: a mãe do noivo faleceu um mês antes do casamento. Grande luto e grave dilema: mesmo sem as festanças tradicionais, seria o caso de realizar o casamento de Louise e François na data marcada, com o que, além do mais, o moinho teria sem demoras um moleiro responsável? Ou conviria deixar passar o ano de luto?

A solução encontrada foi que Louise e François se casariam civilmente, na presença do Prefeito, na data combinada, e o casamento religioso teria lugar na igreja, na presença do pároco, quando se tivessem resolvido os assuntos sucessórios. Assim, durante dois meses, o cônjuge passava o dia no moinho de Boly, dos Castérot, e o fim da tarde em sua casa.

O casamento religioso, o verdadeiro, foi celebrado no dia 9 de janeiro de 1843, com um regozijo tanto maior quanto fora grande a espera.

A jovem moleira

A vida organizou-se. Os recém-casados ocuparam o mesmo quarto que fora da sra. Castérot e do seu falecido

O moinho de Boly.

marido. Noutro quarto, instalaram-se a viúva e os filhos. Além desses dois cômodos, havia uma espécie de vestíbulo, onde se recebia a clientela. Que alegria quando chegava algum homem trazendo na mula dois, três ou quatro grandes sacos de grãos para moer!...

O ato de anotar as encomendas preludiava o tique-taque do moinho. O moleiro agregado à família ficava com as roupas brancas de farinha, mas, aos domingos, usava roupas limpas, vestindo-se de preto. A jovem esposa retirava de uma gaveta da penteadeira a sua capucha branca, para ir à missa.

A penteadeira, presente de noivado da futura sogra, era o orgulho de Louise. Lustrava sempre o belo móvel e olhava-se no espelho com a vaidade própria das filhas de Eva, mas sem malícia. O que queria era ver nos olhos do seu François que ele a achava graciosa. Gostava também de que as boas mulheres que traziam trigo e milho para serem moídos se encantassem com a sua conversa sempre amável.

– Vamos tomar alguma coisa, sra. Lagües?

E trazia pão, vinho, salsichas ou queijo.

A viúva Castérot, a «moleira-chefe», às vezes reclamava: «Comem mais do que pagam...» E resmungava, olhando para a filha: «Ah! Se eu não estivesse por trás de ti para ter tudo em ordem!...»

A jovem mãe

Louise tinha tendência a viver como solteira na casa materna, como se ainda não estivesse convencida de que se casara e de que, portanto, lhe competia cuidar da casa. Além do mais, viam-na cansada. A criança que estava a ponto de nascer fazia-a andar mais devagar; o ventre avolumado, que contrastava com o rosto fino, enternecia a sua mãe. No dia 7 de janeiro de 1844, às duas da tarde, um ano após o casamento, Louise trouxe ao mundo uma filha. Conforme os bons costumes, a criancinha não foi vista por ninguém antes do batismo, para evitar o «mau olhado». Foi a tia Bernarde quem a levou à pia batismal.

A recém-nascida recebeu no registro civil o nome de «Bernarde-Marie» e no registro da paróquia o de «Marie-Bernarde». Como era tão frágil e graciosa, chamaram-na Bernadette!...

A criança tinha em torno de si quatro mulheres para mimá-la: a avó, a mãe, as duas jovens tias. Envolvida até os braços em paninhos, mais ou menos como se vê o Menino Jesus nas velhas imagens, tinha a cabeça coberta com uma boininha de pêlo acolchoado. Estava ainda presa ao berço com uma faixa tricotada, de modo que, mesmo que o berço se virasse, ela não cairia. Quando chorava, Louise tomava-a nos braços, aleitava-a e a criancinha tranquilizava-se; esse era o costume: não se deixava o bebé chorar; a mãe ninava-o ou dava-lhe de mamar.

E Bernadette desabrochou, aconchegada pelo calor maternal, tão meiga desde que aprendera a sorrir, que o amor floria à sua volta em graciosas exclamações...

Enfim, chegou o dia da cerimónia tradicional – denominada naquele tempo «*dau camos*», «duas pernas» – em que se retiravam as faixas da criança, enquanto se murmuravam fórmulas de encantamento. Agora, Bernadette já podia acariciar o rosto materno, e Louise, com a sua bonequinha nos braços, ia passando cada vez mais para a mãe Castérot os outros encargos. Não tinha uma saúde robusta e esperava um segundo filho.

Tinham decorrido dez meses e Bernadette ainda mamava. Mas, numa noite de novembro, uma fagulha da vela que iluminava a sala de uso comum caiu justamente no seio da jovem mãe: a queimadura não foi profunda, mas doeu-lhe tanto que a impossibilitou de amamentar. A ideia de desmamar a criancinha antes de completar dois anos teria parecido criminosa. A saída era passá-la para uma ama de leite, mas a família afligia-se com a ideia de separar-se dessa bebé, cheia de gorjeios e sorrisos.

Bernadette com a ama de leite

Foi então que Louise recebeu o sr. Lagües e a sua mulher Marie, que vinham de Bartrès com um carregamento de cereais para moer. Não havia muito que tinham perdido uma criança de um mês, e à dor da mãe acrescentava-se o sofrimento de ter o peito cheio de leite inútil e o incômodo de a roupa lhe apertar. Marie procurava um nenê a quem amamentar e os Soubirous uma ama de leite... A boa mulher contentar-se-ia com cinco francos por mês, pois eram amigos e a bebê mimosa.

Negócio fechado. No dia seguinte, de coração oprimido e acompanhada por Bernarde, Louise levou a Bartrès a filhinha no seu berço. Era quase uma légua de caminhada, mas a criança dormia, bem agasalhada e protegida do ar frio.

Em casa dos Lagües, a criancinha foi recebida como se fosse o Menino Jesus. Marie tinha trinta anos, muito leite no peito e o coração pronto. Como a nenê começou a chorar quando viu a mãe partir, os Lagües retiveram a tia Bernarde com eles até que Bernadette se acostumasse aos novos rostos.

Bem cedo esses rostos, bem como os dos vizinhos, se alegraram quando a pequenina começou a abrir-lhes um largo sorriso, estendendo-lhes os braços. Mas, em Lourdes, François sentia a falta da filha. A grandes e tranquilas passadas de camponês, cobria os oito quilômetros de ida e volta somente para ir vê-la e afagá-la entre os joelhos. Certo dia, esse homem rude chorou sem parar enquanto tinha a filha nos braços por um longo tempo. Havia um motivo: a criança que Louise ia dar à luz nascera em fevereiro, mas morrera em abril. A mãe sentira tanta dor que o sofrimento lhe secara o leite.

Quando chegou a hora de devolver Bernadette à mãe, para finalmente desmamá-la (ainda corria para a ama de leite como um cordeirinho para a ovelha em busca da teta), foi a vez de os Lagües ficarem tristes.

Já no moinho de Boly, os Castérot e os Soubirous exultavam: «Bernadette voltou!»

Estávamos em outubro de 1845.

A vida no lar dos Soubirous

E o moinho tornou a girar, mais mal que bem, nem sempre como devia. No dia 19 de setembro, Bernadette

A casa dos Lagües.

ganhou uma irmãzinha: Marie Antoinette, a quem logo trataram por Toinette. Agora o moinho tinha de alimentar quatro Castérot e quatro Soubirous. Era muito. Era demais. Claire Castérot poderia ficar à frente do moinho e convencer o genro a trabalhar fora, mas, nessa família, tudo era ajuda e afeição recíprocas.

Ficou resolvido que a mãe partiria com os filhos, deixando o moinho como ganha-pão para o jovem casal. Em 1848, foi morar numa casa próxima da floresta, temerosa de que a filha e o genro não soubessem dirigir bem o negócio e caíssem na penúria. Por outro lado, queria casar as filhas. Bernarde tinha agora 25 anos e Basile, 20. Vivendo em outra casa, arrumada ao seu gosto, a viúva ficaria mais livre para conseguir-lhes um bom partido.

O certo é que, no ano seguinte, Bernarde desposou um comerciante da rua Bourg, Jean Tarbès. Os ônus são menores na vida comercial do que na de moleiro. A união durou pouco: o marido veio a falecer no ano seguinte. Após ter ficado quatro anos viúva, Bernarde casou-se novamente, em 1853, com Jean-Marie Nicolau, um agricultor que abandonara o campo para montar uma estalagem em Lourdes. Foi assim que a tia-madrinha de Bernadette se tornou hospedeira.

Nesse ínterim, a situação dos moleiros de Boly foi decaindo, a tal ponto que já não conseguiam fazer frente às despesas. Como chegaram a esse extremo?

Ah! Como a mãe Castérot fazia falta! Ela sabia escrever e fazer contas, ao passo que Louise e François eram completamente analfabetos. Trabalhavam, sim, mas sem cuidar de defender-se. «Pague-me quando puder», dizia

Louise a pessoas mais pobres que ela. E reconfortava o devedor com um copo de vinho branco. Por nada deste mundo aceitaria que alguém passasse por Boly e saísse de lá sem comer e beber. Positivamente, esse não era o caminho para enriquecer ou mesmo para juntar o dinheiro necessário para fazer os inevitáveis reparos no moinho. Por causa disso, a farinha era sempre mal moída, e a clientela cada vez mais rala. Nada de sobras de comida, nada de farelo; sem isso, nem pensar em porcos e menos ainda em pagar as contas.

Ora, fazia alguns anos que o moinho de Boly passara a ser propriedade de um outro Soubirous, um Soubirous rico, que um dia aproveitou o estado de deterioração em que se achavam a azenha e as mós para acusar o parente de negligência e despedi-lo.

Na família, afora a mãe Castérot, ninguém lamentou a situação de Louise e François: «Se tivessem sabido economizar, sobraria dinheiro para comprar o moinho... Mas quando se distribui pão e salsicha a todos, eis o que acontece...» Essa era a voz corrente.

Onze anos de casamento e à porta da miséria... Onze anos de casamento, três filhos, muito amor, muita fadiga, e nenhum dinheiro. Crédito? Menos ainda: «François tem um fraco pela taberna e pelo jogo de cartas», dizia Dominique Vignes, marido de Lucile Castérot. Também Bernarde julgava François sem indulgência.

E Louise? Essa, sim, amava o marido, e por isso fingia não perceber o gosto dele pela taberna e pelas cartas. E François? Também a amava, e por isso fingia não perceber que a mulher não sabia economizar no governo da casa. Quando dois se amam, é assim mesmo. Quando os cônjuges se querem muito, as qualidades de um não o levam a opor-se aos defeitos do outro, mas a desculpá-los.

Antes do casamento, François não fugia do trabalho. Mais tarde, porém, sobreveio o desânimo. A mãe Castérot chamava a atenção da filha, mas não seria Louise que importunaria o seu François... E ela mesma passou a tomar «um golinho», conforme se dizia na região. Aliás, em Lourdes, ninguém recusava um bom copo. Quando não se tem o que levar à boca, depois de um dia de árduo trabalho, um copo de vinho restitui as forças... *Honi soit qui mal y pense*[1]...

Pensava-se mal dos Soubirous, e por isso ninguém lhes estendeu uma tábua de salvação quando se viram à beira da miséria. Tiveram de abandonar o velho moinho de Boly, e toda a família se instalou num casebre próximo ao moinho de Lacadé. Ali nasceu o quarto filho, Justin, em fevereiro de 1855. Quando fazia bom tempo, Louise saía de casa para trabalhar como ceifeira, e Bernadette, então com onze anos, levava para junto da mãe o irmãozinho que clamava pelo leite materno. Que cena! Uma menininha com os pés nus dentro dos tamancos, de vestidinho desbotado, que ia cantando uma canção de ninar ao bebê que chorava. Louise via-os de longe, enxugava o suor da testa, sentava-se e desabotoava a blusa. Justin mamava gulosamente. E o agradável perfume das plantas aquecidas pelo sol alegrava o coração tanto quanto a ternura dessas três criaturas.

---

(1) «Maltido seja quem pense mal disto». (N. E.)

Uma herança

A morte da boa mãe Castérot deixou Louise desamparada. A partir desse dia, quem a protegeria? Parecia ter-se tornado definitivamente a ovelha negra da família. O marido da sua irmã Lucile proibira-a de visitá-la; e Bernarde e Basile prestavam-lhe ajuda na medida do possível, mas sempre mantendo distância.

Foi Bernarde quem lhe remeteu os novecentos francos que lhe cabiam da herança da mãe. Para quem não tinha um centavo, era uma quantia apreciável segundo os valores da época. François apressou-se a alugar o moinho d'Escourbès em Arcizac-és-Anglès, onde se instalou com o sentimento de ter recuperado a dignidade. Euforia de curta duração: em menos de um ano, o dinheiro esgotou-se, e os Soubirous retornaram a Lourdes, ao seu pequeno mundo, num padrão de vida um pouco mais baixo do que antes.

Como moradia, arranjaram uma casinha miserável, na rua Bourg. Como trabalho, Louise fazia pequenos serviços para fora, e François empregou-se como cocheiro na empresa de transportes de Cazenave. O salário dos dois era irrisório: ganhavam cinquenta francos por dia, o que não era suficiente para alimentar seis pessoas. Por falta de um bom caldo, François ficava esgotado e muitas vezes nem se levantava da cama. Louise tinha mais fibra, mas, para ter-se em pé, bebia um pouco. Luis Sajoux, seu primo-irmão, dizia: «Às vezes a prima perde o controle. Gosta de vinho tinto, mas mais do branco...» Quando os ricos bebem, é para alegrar o coração, e ninguém os censura por isso. Quando são os pobres que o fazem, é para enfrentar o sofrimento e a miséria...

A miséria do casal era tanta que nem o aluguel da casinha podiam pagar. De cada vez que, em lugar de dinheiro, ofereciam ao proprietário desculpas e lamentos, o homem resmungava. Até que um dia perdeu a paciência e os despejou da casa. Mais ainda, em pagamento das prestações atrasadas, ficou com a bela penteadeira que era para Louise tudo o que lhe lembrava um passado honroso.

A antiga prisão

O interior do antigo calabouço onde a família Soubirous viveu por anos.

Em novembro de 1856, Jean-Pierre Taillade conversava com o seu sobrinho André Sajoux, mestre-canteiro, e dizia-lhe:

— Aqui você está em casa (tratava-se da antiga prisão que Taillade comprara para alojar o sobrinho), mas recebi uma visita: François Soubirous. Foi despejado da casa onde morava, e agora, em pleno inverno, não tem para onde ir com os seus quatro «molequinhos». Veio pedir-me que lhe alugasse a tua «prisão».

A «prisão» era o sombrio porão do antigo calabouço, que dava para um pátio estreito onde Sajoux amontoava o lixo. Tão insalubre que ninguém se dispunha a hospedar-se lá: o açougueiro Blancard e o ferreiro Lafitte bem o tinham tentado, mas haviam desistido. Para conseguir algumas moedas, André passara a aceitar por uma noite vagabundos da laia dos que dormem em qualquer lugar, até mesmo sobre um monte de feno, apesar dos ratos.

François Soubirous não tinha muito mais dinheiro do que tais indivíduos. André disse-lhe:

– Primo, nós somos pobres e minha mulher e eu moramos lá com os nossos cinco filhos. Minha mulher é tão bondosa que, se um dia visse que faltava pão aos meninos de vocês, dar-lhes-ia do nosso...

Mas quando se tem um teto, pode-se recusar abrigo a alguém ainda mais pobre? André acolheu-os. E os Soubirous mudaram-se da rua Bourg para a rua dos Petits-Fossés, trocando a casinha pelo tugúrio da prisão. Agora, já quase sem mobília, bastou-lhes uma carroça para fazer a mudança. François puxava da carroça e Louise vinha atrás com as crianças. A pequena Toinette levava ao colo o irmãozinho Justin, de menos de um ano. E Bernadette, com um pesado cesto em cada braço, esfalfada, tossia e sentia falta de ar.

Como se amavam e eram felizes juntos, os seis da família Soubirous – Louise, François e os quatro filhos – deram-se bem no antigo presídio: um teto e quatro paredes os resguardavam do vento e da chuva. Subitamente reanimado, François montou três camas em poucos minutos, enquanto Bernadette e Toinette desembrulhavam as cobertas e os pratos de barro. Quando apareceu o fogo na chaminé, todos se juntaram em torno de Louise, que dava de mamar ao recém-nascido. O coração dos Soubirous transbordava de gratidão. Viveriam com gosto naquele abrigo onde até então ninguém morara. Louvado Deus, que os acolhera! E abençoados os Sajoux, que tinham um coração tão bondoso...

Todas as noites, pai, mãe e os três filhos mais velhos ajoelhavam-se:

«Pai-Nosso que estais no céu...; Ave-Maria, cheia de graça...; Creio em Deus Pai...»

A esposa de André Sajoux apurava os ouvidos:

– André, ouves?

E os Sajoux diriam dos seus inquilinos: «Eles rezam em família, como bons cristãos. De vez em quando, a mãe repreende os filhos. Mas, entre o pai e a mãe, nunca se ouviu o ruído de uma briga...»

Os Soubirous amavam-se.

Quem é essa Bernadette?

Como uma rosa entre os espinhos, assim é a minha amiga entre as jovens....
                                  Cântico dos Cânticos 2, 2

Na noite daquele mesmo domingo de que falamos acima, 14 de fevereiro, mais de uma mãe preocupada largou a sopeira em cima da mesa e perguntou à filha:
— Parece que a Santíssima Virgem apareceu a uma menina da tua escola. O que há nessa história? Quem é essa Bernadette?

Com o seu vestido remendado, Bernadette era a mais pobre da escola. A mais «tapada»: tão pouco inteligente, que a professora dizia que naquela cabeça não entrava nada. Nem o francês: só falava em *patois*, o dialeto local. Quando mais tarde a Irmã Damien lhe pediu que contasse o que vira na gruta, foi necessário que outra aluna traduzisse o que ela dizia.

Aliás, nem fazia um mês que frequentava a escola – antes disso, era pastora em Bartrès, como veremos...

Os homens que naquela noite de domingo tinham ido beber uns copos na venda do sr. Nicolau, o comerciante de vinhos apelidado Estrade, ouviram da boca da esposa deste, Bernarde Castérot, quem era essa Bernadette:

– Vocês não se lembram? É aquela menina que ficou um tempo comigo. A minha sobrinha, filha da minha irmã, tinha muita dificuldade em criar as suas crianças, por causa da mandriice do marido... É verdade que Louise tem muitos defeitos, mas ele! Pobres de nós!

A tia Bernarde julgava severamente a irmã, mas tinha pena dela. No caso do cunhado, julgava-o, mas não tinha pena. Em relação a Bernadette, porém, só sentia pena. Em 1855, casada novamente dois anos antes, recolheu a afilhada em sua casa. Era a primogênita muito amada dos pais, mas «uma boca mais para alimentar». Além disso, tinha frequentes crises de asma e precisava de estar sempre protegida contra o frio. Por outro lado, o médico ordenara que lhe dessem de comer pão com farinha pura. Pão com farinha pura! Parecia não saber que o pão estava mais caro que a carne...

Bernadette já tinha idade suficiente para ajudar a tia nas lides da casa e para cuidar responsavelmente de uma criança e depois de duas: tê-la em casa era um alívio e uma alegria. Se fosse preciso, a tia, que tinha um caráter impulsivo, não deixaria de lhe dar uns bons tabefes, mas nem de longe era necessário. Quando por acaso era repreendida, Bernadette nunca retrucava. Sempre jovial, dócil, serviçal, afetuosa, não exigia nada, nem mesmo a regalia de ir com mais frequência à escola. Como não sabia ler, rezava o terço durante a missa: fazia-o com um terço barato que trazia sempre no bolso. Conhecia apenas três orações: o Pai-Nosso, a Ave-Maria e o Credo. Era o caso de perguntar: por que a Virgem iria aparecer a Bernadette, quando havia em Lourdes tantas meninas muito mais instruídas em religião?

Seja como for, aquela ajudante da tia nos trabalhos domésticos, aquela pastora do rebanho da ama de leite, aquela «mais uma boca para alimentar» dos pobres Soubirous sabia muito sobre a obediência sem queixa, sobre o amor sempre disposto a servir, em nome dessa ternura de uma pequena serva de Maria e do Jesus de Maria que trazia no coração. Disso ela não tinha consciência nem ninguém suspeitava. Era um segredo entre Deus e a sua alma, essa mesma alma que, num dado momento, deveria ser um límpido espelho para que o céu ali se refletisse.

Nada haveria de manchar a alma de Bernadette, nem mesmo uma pequena vaidade de criança.

— Uma menina igual às outras, dizia o tio Nicolau-Estrade aos seus fregueses, que apareciam para tomar a sua dose de vinho.

Na noite daquele domingo de 14 de fevereiro, contou dez vezes a história do anel:

— Quando ela vivia conosco, eu trouxe de Betharram um pacotinho de anéis de pouco preço. Bernadette experimentou cada um, mas eram muito grandes. A pobrezinha ficou tão triste que, na primeira ocasião, lhe comprei um anelzinho. Só que, dessa vez, era apertado demais. Cabeçuda como uma mula — não posso negar, ela é teimosa –, tanto forçou que o anel acabou por entrar-lhe no dedo. Mas o dedinho inflamou-se, ficou vermelho, ela sentiu-se mal e foi preciso serrar o anel... Repito-lhes: uma menina como as outras...

Não, não era como as outras. Por quê? Porque nunca cobiçara um anel, nem qualquer outra coisa que brilhasse e chamasse a atenção. Era de cabeça dura na escola, mas assimilava com facilidade surpreendente o que Deus lhe sussurrava. Aprendera a lição do desprendimento, e a sua maior felicidade era compartilhar a miséria do pai e da mãe. Apesar da falta de aquecimento (aliás, de tudo), achava o tugúrio dos Soubirous mais aconchegante que a acolhedora casa da tia Bernarde. Por outro lado, causava gastos extras à tia. Decidiu, pois, juntar-se de novo aos pais, e assim o fez, dois meses depois de estes se terem instalado no antigo calabouço.

Não foi, porém, por muito tempo.

Num dia de setembro, os Soubirous receberam a visita da serviçal de Marie Lagües (a antiga ama de leite de Bernadette), que lhes disse que a patroa – mãe de cinco filhos, dos quais os dois pequerruchos davam trabalho – lhes queria fazer um pedido:

– A minha senhora deseja a ajuda de Bernadette. Lá todos gostam dela. A menina será muito bem tratada. Só terá como trabalho tomar conta dos mais pequenos e levar alguns carneiros e vacas ao pasto mais próximo da casa.

Os Soubirous deram um forte suspiro:

– Levem Bernadette! E se quiserem mais duas, levem também!

Filhos queridos, sim, mas tantas bocas que alimentar! François, geralmente debilitado por falta de comida – estava sem forças nos braços e nas pernas –, não fazia mais do que permanecer deitado. E a antiga história de que teria roubado uma tábua, e depois os dias que passara na prisão, tinham-lhe minado as últimas reservas de coragem. As pessoas são muito más. Também, o mais das vezes, muito injustas. Agora parece que tomavam os Soubirous por mendigos.

Numa tarde, Bernadette voltava para casa com Justin, que, embora pequeno, já saltitava. O garotinho vinha com meias de lã tricotada. François franziu o sobrolho:

– Que meias são essas?

Justin não andava de meias, porque não as tinha. Foi aí que Bernadette contou que haviam encontrado a filha do comissário Jacomet, Armanda, de quatro anos, e que a encantadora menina puxara a mãe pela mão e lhe dissera:

– Mamãe, deixa-me dar de presente a esse menino as meias que fiz?

Madame Jacomet, enternecida, explicara a Bernadette que a filha tinha um coração de ouro e que aprendera a tricotar na escola das Irmãs. Por isso, queria dar um par de meias de presente à criança mais pobre que encontrasse em Lourdes...

Tinham feito Justin sentar-se sobre um marco da estrada e a menina Armanda calçara-lhe as meias. Bernadette estava muito contente, mas o antigo moleiro de Boly sentiu-se profundamente ferido. Que humilhação! Será que nunca sairiam da miséria? Nunca? Não tinham sequer como vestir e alimentar a filharada, e eis que agora dependiam das almas caridosas da rua! Imaginem: «a criança mais pobre de Lourdes!»..., e era a sua, o neto dos Castérot!

Sim, a ama de leite estava autorizada a levar Bernadette para tomar conta dos seus carneiros! E, se quisesse, podia levar também Toinette e Jean-Marie, embora a simples ideia de ficar longe dos filhos, sobretudo da primogénita, lhes confrangesse o coração.

Marie Lagües contentar-se-ia com Bernadette, que não tinha quase nada para empacotar. Toda a sua roupa branca mais os vestidos davam para trazer às costas. Era muito pouca coisa. Mais de uma vez, em Bartrès, Jean-Marie emprestaria à irmã uma camisola, para que ela pudesse lavar a que tinha no corpo.

A Pastora de Bartrès

Os Lagües, o velho Aravant, a empregada, os cinco filhos, Bernadette, todos terminam de tomar a sopa da noite. Marie Lagües, como dona de casa poupadora, fecha no armário as sobras do jantar, que as crianças cobiçavam.

Toda a família se prepara para o serão de inverno. Lá fora, sopram rajadas de vento, e no interior da casa vai caindo, como um crepitar de chuva, o milho das espigas que Basílio Lagües e o seu velho sogro debulham. Num canto, os filhos mais velhos brincam com os ossinhos, enquanto Bernadette leva os dois menores para a cama, no quarto vizinho. No fundo da sala, a dona de casa dedica-se a costurar e a empregada lava potes e pratos numa bacia de madeira. O fogo da lareira projeta uma luz avermelhada e as pessoas formam grandes sombras escuras na parede. Há um banquinho vazio perto de Marie Lagues. Quando Bernadette retorna, a senhora diz-lhe:

— Traz-me o catecismo e vem sentar-te aqui.

Bernadette obedece. Obedece sempre. Mas no caso de Marie Lagües obedece com um tremor que às vezes a oprime; a ama de leite é de trato rude. E, nessa noite, fala de um modo mais seco do que nunca.

Está aborrecida. O padre Jean-Louis Aravant, seu irmão, acabava de lhe passar uma descompostura, bem como ao cunhado. O quê? Não tinham eles prometido aos Soubirous que Bernadette teria alguns momentos de folga no trabalho, para poder ir à escola durante o dia, sobretudo para assistir às aulas de catecismo? Mas neste mundo nem sempre é possível fazer aquilo que se deseja. A vida é dura, e os dias transcorrem entre os cuidados da casa, os animais que pastorear, as crianças de quem cuidar, a lã que fiar, as roupas que cerzir, as peças que lavar, a manteiga e o queijo que produzir. Não sobra tempo sequer para coçar-se. E um dia após outro passa a hora das aulas, das lições de catecismo do padre Ader. Bernadette continua dentro de casa, ocupada em movimentar a roca de Marie Lagües, em entrançar os alhos, em encher de cataplasmas uma das crianças que está com uma forte gripe.

— Irás amanhã!

E o dia de amanhã passa como o de hoje. E o irmão padre zanga-se:

— Afinal de contas, quando é que essa menina fará a Primeira Comunhão? Já está com treze anos, e aposto que nem sabe o que é a Santíssima Trindade!

Consequência: Marie promete enfiar ela mesma na cabeça dura de Bernadette as respostas do catecismo. Diz-lhe:

— Senta-te neste banquinho! Para de mexer com a agulha!

Segue com o dedo as linhas de grandes caracteres de um livro que já serviu bastante e lê em voz alta:

— «Por que Deus te criou? Deus criou-me para conhecê-Lo, amá-Lo e servi-Lo, e assim ganhar a felicidade eterna». Compreendeste?

Bernadette faz que sim com a cabeça. A ama de leite diz-lhe:

— «Vamos lá! Repete».

Bernadette repete: «Deus criou-me para conhecê-Lo...» Mas não continua.

— Bem! E depois?

A menina baixa a cabeça. Sente no seu íntimo que se deve amar e servir a Deus, mas é incapaz de lembrar-se das palavras que se seguem à primeira frase.

Marie Lagües torna a ler, com uma pausa em cada frase:

— Deus criou-me... / para conhecê-Lo... / amá-Lo e servi-Lo... / e assim...

Bernadette repete cada trecho.

Marie volta a ler sem pausas a frase inteira, com uma voz monocórdica, compassada, meio cantarolada, como junto de um berço. Bernadette percebe que a sua atenção lhe escapa e, após o silêncio que se segue ao «a felicidade eterna», é incapaz de lembrar-se do começo da resposta que a senhora lhe pede para repetir por inteiro.

Lágrimas abundantes começam a correr-lhe pelos olhos. A ama de leite perde a paciência:

— Não te peço que chores; peço-te que respondas!

— Não sei!

— És uma perfeita idiota! Só prestas para vigiar os carneiros! Vai-te deitar!

O mesmo se passava nas vezes seguintes: a lição acabava aos gritos da mestra. Certa vez, Marie Lagües chegou a arremessar o livro para o outro canto da sala; com doçura, Bernadette foi apanhá-lo. Podia-se ler no seu rosto a dor que lhe causara ter sido o motivo dessa cólera. E, quando todos os da casa ficavam de joelhos para rezar as orações da noite, a voz da menina pobre, que comia o seu pão amassado na humilhação, soava mais forte ao chegar ao «perdoai-nos as nossas ofensas». Sim, ela sofria por ter ofendido a boa ama de leite com a sua falta de memória e a sua inépcia.

Um dia, os Lagües acharam mais prático dividir claramente as tarefas das três mulheres da casa, deixando a Bernadette o encargo de vigiar os carneiros. Desta vez, nem pensar em escola ou catecismo. As terras dos Lagües achavam-se disseminadas pela região e a pastora partia quando a grama ainda estava umedecida pelo orvalho; o sol mal despontava por detrás dos montes. A menina levava no cesto pão e queijo.

Tinha por companhia o cachorro Pigou e a solidão e o silêncio, no meio do frescor da grama. Calculava as horas apenas pelo lento movimento da sombra de luz projetada ao pé do grande castanheiro.

Solidão e silêncio, coisas que Bernadette nunca conhecera: vivera sempre com criancinhas agarradas à sua saia. Mas, no começo, nem uma coisa nem outra eram completas. Saía de casa acompanhada por uma provisão de imagens: da mãe, do pai (que viera visitá-la no domingo), dos irmãos e irmãs. No fundo do seu coração, latejava o desgosto de não poder viver com os seus seres queridos, a preocupação pela miséria em que viviam amontoados naquela prisão-moradia, no meio do fétido cheiro do lixo...

Conseguiu escapar dessas imagens e sentimentos quando passou a puxar do terço e a rezar uma dezena por aqueles cinco rostos Soubirous. Isso acalmava-a. Ao redor, apenas um céu azul e a terra verdejante, mas, no seu interior, um doce lampejo de luz imóvel. Sim, estava sozinha, mas com Deus. Sim, estava sozinha, mas com a Virgem. Eram momentos de paz, interrompidos pela fuga de um carneiro do rebanho, que a fazia correr, acompanhada pelo cachorro, com o corpo e a alma aflitos.

Ao regresso, apanha de novo o cestinho e, como criança que é, brinca. Faz montinhos de pedra à volta do castanheiro. Ali reinará mais tarde, coroando a sua obra, uma pequena imagem de Nossa Senhora.

E essa distração já é oração e presságio. Claro, Bernadette não reza durante todo o tempo: é ainda uma menina bem pequena. Mas sobrevêm-lhe com maior frequência lembranças e pensamentos apaziguadores, cada vez mais demorados, enquanto o olhar se perde ao longe, para lá das colinas, tornando-a cada vez mais atenta a uma música suave que brota do seu interior. Não sabe que é nessa música silenciosa que Deus fala, que é nessa solidão que Ele age. De qualquer modo, desde então, silêncio e solidão parecem-lhe melhores que toda e qualquer companhia.

É, pois, com uma sombra de desgosto que faz ao anoitecer o caminho de volta – desgosto que logo se dilui nesse silêncio e solidão que doravante estão nela. E também os Lagües se calam por um momento quando veem a porta abrir-se e aparecer na soleira o rosto arredondado e serenamente alegre da jovem pastora. Bernadette dá de comer às crianças, sabe distraí-las sem que fiquem excitadas e, após a oração em comum – que une todas as vozes num só murmúrio semelhante ao silêncio –, leva-as para a cama. O dia terminou; só falta dormir. E, no dia seguinte, recomeçar. Essa monotonia dos longos dias de trabalho e das breves horas de sono, essa existência que a encaminha lentamente para uma luz ainda imprecisa e longínqua, é tão tranquilizadora como o grande silêncio dos campos verdejantes que se espraiam debaixo do céu.

Sempre calma. A sua prima Jeanne Védère vem vê-la e indigna-se:

– Como! Se Marie Lagües prometeu que irias às aulas de catecismo, não que passarias o dia vigiando os carneiros!

Bernadette simplesmente responde:

– Penso que é o que Deus quer. Quando se pensa que Deus quer alguma coisa, não há razão para queixar-se...

Deus queria para ela a solidão em que Ele é a companhia, o silêncio em que Ele fala, a ignorância em que Ele se manifesta...

À chegada do inverno, Bernadette estará pronta, pronta para deixar Bartrès, pronta para cumprir aquilo para que havia nascido. Experimenta subitamente o desejo veemente de retornar a Lourdes, como se realmente tivesse de fazer lá algo de urgente.

A tia Bernarde vem visitá-la em dezembro:

— Madrinha! Quero voltar para minha casa!

«Mais uma boca que a minha pobre irmã terá de alimentar», pensa Bernarde. E diz:

— Espera um pouco mais. O teu pai anda doente o tempo inteiro.

A «mais uma boca para ser alimentada» cala-se. Mas no silêncio dos campos alguma coisa no seu interior não a deixa em paz. Para ela, isso se traduz, em linguagem clara, no desejo de finalmente frequentar a escola para aprender a ler, e para estudar o catecismo e preparar-se para a Primeira Comunhão. «Volta para casa! Volta para casa!...»

Pouco antes do Natal, uma mulher de Lourdes passa pelo campo onde Bernadette toma conta dos carneiros e detém-se para lhe dizer bom-dia:

— Bernadette! Quer mandar algum recado para o seu pai e a sua mãe?

— Diga-lhes que estou magoada com eles, e que lhes peço que venham levar-me...

Mas o Natal passa sem nada acontecer. Bernadette contrista-se. E quando, após o ano novo, o sr. Garros parte numa manhã para a vila, Bernadette lança-se-lhe ao pescoço:

— Diga à mamãe que venha buscar-me!

Nada, porém, de a mãe aparecer. Se o silêncio de Deus era leve, já o desejo de retornar ao convívio dos pais ressoa barulhentamente no coração de Bernadette. E por fim aquela menina obediente, humilde, dócil, mostra-se subitamente determinada, altivamente decidida: consegue que os Lagües a autorizem a ir ver os pais.

— Está bem, mas volta na segunda-feira.

Passa a segunda-feira, e nada de Bernadette. Nem na terça. Reaparece na quarta, mas para anunciar que voltará para Lourdes.

— Irei à escola das Irmãs, e já me inscrevi para as aulas de preparação para a Primeira Comunhão.

Na quinta-feira, 28 de janeiro, abraça grandes e pequenos e deixa Bartrès, bem na hora em que os carneiros, sob a guarda de Jeanne Marie, saem do aprisco. Vê-os afastar-se, sob um céu cinzento debaixo do qual ondeia a lã dos carneiros. E faz-se silêncio nela, como nos dias em que, sentada sobre a relva, nem percebia o passar das horas e dos dias.

A caminho de casa, com um cesto de queijos na mão, experimenta uma alegria tranquila: a alegria tranquila de um filho que obedece à mãe. Sim, é mais ou menos isso. Ainda não sabe que outra Mãe a chama com urgência. Desconhece que caminha ao encontro da Senhorita.

Quem é essa Senhorita?

É ela a filha do Alcaide? É filha de Deus Pai, e brilha como uma estrela...
                                    Santa Teresa de Ávila

Assim eram esses Soubirous; assim era a Bernadette desses Soubirous.

Esgotada a tagarelice, homens e mulheres perguntavam-se uns aos outros: «Quem é essa senhora de branco que aparece em Massabielle?»

— Ora, ora, de Massabielle não pode sair nada de bom!

Assim comentavam as pessoas sensatas.

E o mesmo pensava a sra. Millet, naquela segunda-feira, 15 de fevereiro. Exprimiu essa opinião sem âmbages, enquanto alisava com a boca a ponta da linha, para fazê-la passar pelo buraco da agulha.

Antoinette Peyret levantou a cabeça do seu trabalho de costura e disse, com um frêmito de emoção na voz:

– Um vestido branco, um véu branco, um cinto azul celeste... Sra. Millet, terá sido mesmo assim que a menina daquele casebre viu a tal senhora de branco?

– Ao menos é o que se diz...

Antoinette Peyret suspirou; a agulha deslizou no vestido de seda castanho-avermelhado que ia tecendo. Por fim, armou-se de coragem e atreveu-se a contradizer o ceticismo dos céticos:

– Bem, e se essa senhora vestida de branco e com uma fita azul como a nossa, Filhas de Maria, for uma das nossas companheiras falecidas que tenha aparecida à menina para pedir orações? Não poderia ser, por exemplo, Elisa Latapie...?

A sra. Millet mostrou-se contrariada:

– Mais que a essa menina pobre, cuja mãe trabalha para fora – lava-me a roupa duas vezes por semana –, ela apareceria a você, Antoinette, que tanto a ama...

– Como se pode saber a quem se ama, quando se está do outro lado da vida?... Não será que lá se prefere a filha de uma lavadeira à filha de um oficial de justiça?

Nesse ponto, a srta. Peyret mostrava-se coerente. Quanto à sra. Millet, achava que era preciso mexer-se:

– Só há só uma coisa a fazer, minha amiga: ir lá e ver! Você poderia me acompanhar à gruta?

Como resposta, Antoinette abraçou a sra. Millet.

– Não conte a ninguém a minha ideia – observou a viúva. – Nós duas veremos se a meninota mente ou não!

Cruzando os dedos na boca, em sinal de assentimento e de guardar reserva, Antoinette deixou a sra. Millet superexcitada. Como no passado dera pretexto às más línguas para murmurarem dela, aproveitaria a ocasião para reabilitar-se, assumindo um papel de piedoso destaque, coisa que não lhe desagradava. Não poderia efetivamente a senhora de Massabielle ser Elisa Latapie, que aparecia para confiar uma missão à menina?

Antiga empregada doméstica com quem o dono da casa se casara, a viúva Millet, tida outrora como intrigante, já se via encarregada pela alma santa da defunta presidente das Filhas de Maria, a cujo enterro comparecera toda a vila, de transmitir uma mensagem ao pároco e ao bispo. E por que não ao arcebispo? E por que não ao Papa?

No dia seguinte, quando Bernadette voltou da escola, esperava-a a criada da sra. Millet.

– A sra. Millet quer falar contigo – disse Louise. – Quer saber o que foi que viste. Vai até lá e sê cortês. Vê se esfregas bem os tamancos no capacho antes de entrar.

Em casa da rica viúva, onde a sua mãe lavava a roupa, Bernadette foi recebida como criança que era, mas como uma igual. Sentou-se numa cadeira de vime.

– Diz-me: quem é essa senhora de branco?

– Não sei.

– Achas que poderia ser uma alma penada?

– Não sei.

– Achas que poderia ser a Santíssima Virgem?

– Não sei.

A sra. Millet 1861.

— Se voltasses a Massabielle, achas que tornarias a vê-la?

— Não sei.

— Voltarás lá?

— Minha mãe proíbe-me. A Madre Superiora da escola também me proíbe. Diz que zombam de mim.

— Já que és suficientemente crescida para que uma senhora de branco te apareça, não achas que também és suficientemente grande para voltar à gruta?

— Não quero desobedecer.

— E se os teus pais te autorizam, voltarás?

O rosto de Bernadette iluminou-se de alegria:

— É claro que irei!

— Vou pedir-lhes que te autorizem. Eu irei contigo, junto com a srta. Peyret.

— Mamãe e papai não aceitarão, por causa de tudo o que se comenta. Também as minhas tias, o meu tio e a minha madrinha desejam que não se volte a falar de mim...

— E o sr. padre?

— O padre Pomian não mo proibiu.

— Vês? Eu convencerei os teus pais. Iremos no domingo.

Mas Antoinette Peyret ponderou sensatamente à sra. Millet que, num domingo, seria difícil evitar os curiosos:

— Seria preferível ir num dia de semana, bem cedinho...

A viúva esperou que anoitecesse para ir à casa dos Soubirous: não desejava que a vissem entrar lá. Nem Louise nem François estavam em condições de recusar um pedido de uma dama dessa importância, mas cederam quando a sra. Millet lhes observou:

— Não veem que seria bom que a menina fosse à gruta acompanhada de duas pessoas mais velhas, que não se deixariam influenciar como o fizeram a irmã e a amiga? Assim vocês e eu poderíamos saber exatamente como as coisas se passaram.

Era um argumento de peso, que convenceu os Soubirous.

Ficou combinado que a sra. Millet viria encontrar-se com Bernadette antes do horário da primeira missa, na quinta-feira seguinte, dia 18. A inquietação do pai e da mãe perturbou um pouco a alegria da menina, mas teve um sono melhor do que nos dias anteriores. Estava mais feliz? Alguma coisa, no fundo dela, não tinha cessado de afirmar-lhe que, não obstante tantas contradições, tantas perguntas, tantas proibições, haveria de rever a sua bela senhorita... Apesar de que, se fosse para desobedecer, teria concordado em não tornar a vê-la.

Mal amanhecera quando a sra. Millet e Antoinette Peyret, recobertas por longas capas cinzentas, bateram à porta do tugúrio e entraram. Os pais já tinham saído para o trabalho e os irmãos de Bernadette continuavam a dormir.

Foram à missa na paróquia, onde o vulto das três passou despercebido entre os demais assistentes. Pelo canto do olho, a sra. Millet inspecionava a pequena paroquiana. Recolhida, mas sem afetação, desfiando o terço, Bernadette tinha os olhos fixos no altar. Respirava tanta candura!

Acabada a missa, a menina guiou as senhoras pelos caminhos ásperos que levavam a Massabielle. Quando estavam bem perto de chegar, a jovem adiantou-se, subiu o rochedo e desceu pela encosta com a velocidade do raio, enquanto as dignas acompanhantes se moviam com dificuldade por entre os espinheiros.

Diante do nicho, Bernadette ajoelha-se sobre uma pedra lisa; Antoinette Peyret segura uma vela acesa e reza o terço com a sra. Millet, que está de olhos arregalados. Bernadette também o reza, mas bem devagar, ao contrário das duas, que desfiam as contas como uma metralhadora.

De repente, Bernadette diz:

— Aí está ela!

— Cala-te! Temos que terminar o terço!, responde a senhorita Peyret, que é metódica nas suas devoções.

A seguir, passa a Bernadette o tinteiro, a pena e uma folha de papel em branco do seu pai, oficial de justiça. Esperava que a Aparição fizesse constar do seu próprio punho o que tinha a dizer.

— Pergunta a essa senhora o que ela quer; que o escreva.

Bernadette adianta-se, levando na mão tinteiro, pena e papel; depois, erguendo-se na ponta dos pés, coloca-os à entrada da gruta.

— Senhorita, teria a bondade de escrever o seu nome nesse papel?

As duas mulheres observam. Bernadette volta-se para elas e exclama:

— A Senhorita pôs-se a rir!

Será possível que as nossas tolices, quando isentas de maldade, levem o céu a rir? Mas logo a seguir a expressão radiante daquele rosto tomou um ar triste e, pela primeira vez, Bernadette ouviu a voz da Senhora de branco:

— Não é necessário. Queres fazer-me a gentileza de vir aqui durante quinze dias?

— Virei, sim, se me deixarem.

— Não te prometo fazer-te feliz neste mundo, mas no outro...

E a Senhora de branco, cercada de um halo de luz que feria os olhos suavemente, elevou-se em direção ao céu e desapareceu.

Desta vez, Bernadette não caiu em êxtase: sem deixar de prestar atenção à visitante, foi capaz de falar com as duas mulheres que a acompanhavam. Mas só lhes repetiu o que a Aparição lhe dissera quando regressaram, já com o sol brilhando no alto. Antoinette Peyret pedira-lhe: «Pergunta-lhe se podemos voltar». Bernadette comunicou-lhe: «Nada impede que a srta. venha». E acrescentou: «Ela olhou-a muito tempo...»

— Era para a vela que ela olhava..., disse a sra. Millet, despeitada porque a sua companheira merecera uma atenção especial.

Bernadette virou-se para Antoinette:

— Não, não! Era para si. Olhou-a sorrindo.

— Se estiveres mentindo — disse a sra. Millet —, Deus te castigará!

Bernadette sabia que nada tinha a temer. Nem mesmo da sua mãe, que encontrou em casa quando chegou acompanhada das duas senhoras.

— Ainda bem que chegaram! Estava começando a lavar a roupa branca da sra. Nicolau quando ela apareceu na lavanderia. E disse-me: «Por que você deixa essa menina ir à gruta? Terá problemas com o comissário de polícia; é melhor levá-la para falar com o sr. pároco...» Fiquei assustada! Não, Bernadette! Não vais voltar à gruta! Sra. Millet, perdoe-me!

E Louise pôs-se a chorar. A viúva, que sabia lidar com as pessoas do seu meio social, aconselhou-a a acabar de lavar a roupa da sra. Nicolau: era melhor esperar que ela se acalmasse para que pudesse sugerir-lhe o que tinha em mente.

A ideia era que, ao longo dos quinze dias de que falara a senhora de branco, Bernadette ficasse morando com ela, dormisse numa boa cama e ambas tomassem juntas as refeições. Desse modo, nem os irmãos nem a irmã a incomodariam. E se se espalhassem mexericos, bastaria a autoridade de uma pessoa da classe da sra. Millet para fazer com que todos se calassem.

À noite, Louise capitulou. Bernadette, com efeito, foi para a casa da viúva, a dois passos dali, na rua dos Petits-Fossés.

A sra. Millet tinha um objetivo secreto: apanhar a menina em flagrante delito de contradição ou de mentira. Mas Bernadette fala pouco, só responde quando perguntada, e diz sempre a mesma coisa: «Não sei...» Se estivesse inventando, que lhe custaria responder a tudo? A sua doce serenidade, a naturalidade com que ocupa um quarto rico da mansão, num à vontade sem petulância, ou com que se senta à mesa da opulenta sala de jantar – tudo isso também impressiona a dona da casa.

À noite, faz as suas orações com a sra. Millet: Pai-Nosso, Ave-Maria, Credo. Não sabe outras... Mas quando se persigna, traça um sinal da cruz tão amplo, com tal piedade e grandeza, que a dona da casa se surpreende:

– Onde aprendeste a persignar-te assim?

Bernadette responde com um sorriso que num instante a transfigura:

– É assim que a Senhorita faz o sinal da cruz...

A Senhorita, porém, não fizera uso da pena do oficial de justiça para declinar o seu nome...

Antoinette Peyret diz: «Não creio que haja nada de diabólico nestas aparições. De qualquer modo, não é a Santíssima Virgem!»

Paciência: o que importava era que «aquilo» havia pedido com muita delicadeza a Bernadette que fosse a Massabielle durante quinze dias. E na alvorada da sexta-feira e do sábado, a menina e as duas mulheres tornam a percorrer o caminho da gruta[1].

Nesse dia, quem as acompanha é Louise Soubirous; no dia seguinte, é a tia Bernarde; no outro dia, a tia Basile. Juntam-se a elas a mulher do sapateiro Baringue, e Madeleine Pontic, e Rosine Cazenave, e Germaine Raval, seguidas de algumas outras. Entre elas, a sra. Lannes, pessoa da alta roda, que prudentemente se faz acompanhar de uma criada: por esses caminhos ainda não iluminados pelo sol, ninguém sabe o que pode acontecer...

---

(1) Na sua obra sobre Bernadette Soubirous, mons. François Trochu evoca uma declaração de Estrade em que diz que nessa sexta-feira se deu uma explosão de cólera do demónio. Mas o padre Cros não alude a esse episódio. Prefiro seguir este último, inspirando-me no que diz Santa Teresa de Ávila: «Por que dizer "demónio, demónio", quando podemos dizer: "Deus, Deus"!»

Já diante da gruta, Bernadette permanece imóvel, de cabeça erguida e os olhos fixos no alto. Tem uma vela acesa na mão, o terço na outra, e move levemente os lábios, em oração, deixando entrever de quando em quando um sorriso. Uma mulher enxuga as lágrimas dos olhos:
— Só de vê-la assim, sinto vontade de chorar...
A sra. Lannes — que sabe exprimir-se melhor que as pobres aldeãs — relata:
«Havia pouca gente quando Bernadette chegou e se ajoelhou. Puxou do terço e, de repente, o seu rosto iluminou-se com um sorriso. As mulheres disseram: "Ela a vê!" Bernadette conservou o sorriso por um instante; depois ficou com ar pensativo, como se escutasse com grande atenção e respeito o que alguém lhe dizia. E eu ouvi sair da sua boca ou do seu peito um "sim!..." prolongado, como um longo suspiro. O seu rosto parecia de uma cera um pouco colorida: dir-se-ia que estava desmaiada, mas, quando sorria de novo, parecia voltar à vida. Mas não era a mesma Bernadette: os anjos celestes devem ser assim! Em outros momentos, ela ouvia alguma coisa com uma fisionomia bem triste, enlanguescida; os seus lábios moviam-se levemente e eu seria feliz se pudesse entender o que dizia... Agora, quando acordo no meio da noite, esforço-me por reviver na minha memória aquele rosto de êxtase que vi em Bernadette, o seu sorriso e as suas belas palavras de saudação...»

Esse rosto de cera da menina fazia algumas ficarem com medo. Nessa sexta-feira, Madaleine Pontic começou a gritar: «Ela vai morrer!» Louise Soubirous caiu em prantos: «Meu Deus, por piedade, não me leveis a minha filha!»

Bernarde contava aos seus fregueses:

— Isso despertou Bernadette e eu tive de segurá-la para que não caísse... Pobres de nós! Que Deus nos guarde!

Todas essas mulheres se agitavam, e só Bernadette se mantinha calma. No caminho de volta, cobriu-se com a sua capucha e recordava uma oração que a pequena Senhora lhe ensinara — uma oração que devia guardar no mais íntimo do seu coração...[2]

Após regressarem, a esposa do sapateiro disse ao marido:

— Já não é a Bernadette que conhecemos! O seu sorriso é tão belo! Se a visses quando ela nos cumprimenta com as mãos e a cabeça! É como se durante toda a vida não tivesse feito outra coisa senão aprender a cumprimentar!

E a boa mulher pôs-se a imitar desajeitadamente a saudação da menina.

De volta da escola, ao anoitecer, Bernadette passou diante da sapataria e a mulher do sapateiro chamou-a:

— Menina! Vem aqui um pouco! O meu marido quer saber...

Bernadette sentou-se num banquinho e, já que lhe perguntavam, contou o que vira. Umas vezes, dizia: «a Senhora de branco»; outras, «aquilo»; e também «uma Senhorita...»

— Diz-me por que esfregas os olhos, quando deixas de vê-la.

---

(2) Santa Bernadette jamais ensinou essa oração a ninguém.

— É como se eu passasse de um sol brilhante para a sombra... Quando vejo «aquilo», parece-me que já não sou deste mundo, e fico espantada de me encontrar nele...

O sapateiro disse:

— Se quiseres trazer ao pescoço uma medalha da Santíssima Virgem, faço-te um cordão.

Bernadette disse-lhe que sim, e o sapateiro fez-lhe um cordão de couro.

— Que dizem as Irmãs? — perguntou a mulher do sapateiro.

Bernadette riu:

— As Irmãs já não dizem nada, mas as meninas metem-se comigo. À hora do recreio, correm atrás de mim e gritam: «Pede à tua Senhorita que te ajude a aprender o catecismo! E a ler!»

— Que lhes respondes?

Bernadette fica de cara séria:

— Digo-lhes que uma coisa nada tem a ver com a outra...

Bem sabia que não devia esperar nenhum dom especial nesta vida.

Nesse ínterim, reunia-se um conselho de família no casebre dos Soubirous. Decidiu-se que Bernadette voltaria a viver em casa, pondo fim à sua vilegiatura em casa da sra. Millet:

— A sra. Millet só quer aparecer! — disse Basile.

Mal podia imaginar que essa mulher teria um papel de relevo no grande mistério que se desenrolaria em dezoito quadros — cujo autor seria o Eterno —, e que sem dúvida muito lhe seria perdoado.

Menosprezo chama menosprezo. Quando Rosine Cazanave, comovida com o que vira em Massabielle, quis retornar ao local e insistiu com a irmã Dominiquette em que a acompanhasse, esta reagiu com desdém:

– Essa tal Bernadette faz-se acompanhar de pessoas que são muito mal vistas na cidade...

Mas nem o ostracismo de uns, nem a admiração de outros, nem as zombarias das colegas, nem as reticências das Irmãs da escola, nem as apreensões dos Castérot-Soubirous, nada disso suscitou em Bernadette cólera ou orgulho, confusão ou temor. Naturalmente afável, a menina demonstrava uma fortaleza de ânimo fora do comum.

O que era ela? Apenas um simples soldado a quem o capitão confia uma mensagem da rainha. Não se considera um general, nada disso, mas portadora de uma missão que deve cumprir. Apesar dos obstáculos que encontra pelo caminho, faz da obediência e da humildade a sua força.

A cidade inteira comenta

Que faremos da nossa irmã no dia em que se falar dela?...

Cântico dos Cânticos 8, 8

Em 1858, Lourdes não é mais que uma vila de aproximadamente quatro mil habitantes. Exploram-se jazidas de ardósia, mármore e xisto; a maioria entre a população é de entalhadores (reunidos na Confraria da Ascensão). Chocolate, tecelagem, são outras fontes de recursos.

Povo rural, formado mais por artesãos do que por trabalhadores braçais, bem como por pequenos comerciantes, pequena burguesia, pequenos arrendatários e funcionários públicos – eis o retrato dos habitantes dessa sede administrativa da circunscrição territorial dos Altos-Pireneus.

Como ocorre por toda a extensão da França, o Império bonapartista estabelece ali a sua ditadura, assegurada por uma administração de oficiais e suboficiais. Há menos de um mês que o conde Félice Orsini atentou contra a vida de Napolão III, mas sem êxito. Defronte da Opéra, o espaço ficou juncado de mortos e feridos. Foi esse o sexto complô contra o imperador desde o golpe de Estado de 1851, que inaugurou o Segundo Império. Logo a seguir, é decretada a lei de Segurança nacional, que amordaça a imprensa, confere à polícia o direito de prender quem quer que seja, em qualquer lugar.

Proibe-se a difusão de obras contra a religião. Embora fosse homem sem religião – apesar de conservar as aparências, a ponto de fazer uma peregrinação a Sainte-Anne d'Auray –, o imperador evita ofender os católicos. Procura agradar à Igreja a fim de executar os seus planos no campo político. Para isso, dispensa-a de pagar tributos, e se muitos santuários são reconstruídos (até mesmo nesse recanto esquecido de Bigorre), é porque houve um generoso financiamento do governo. Os canteiros de obras e as tabernas são proibidos de funcionar durante os ofícios religiosos. Qualquer funcionário público que deseje ser bem visto vai à missa.

Pio IX recusara-se a coroar Napoleão III. Apesar disso, aceitou ser padrinho do príncipe imperial, e a imperatriz conservou nos seus aposentos a rosa de ouro oferecida pelo Soberano Pontífice.

A guerra da Itália provocará um desentendimento entre o Imperador e o Papado. De defensor «da fé», Napoleão III passará a «Pilatos». Nesse ínterim, católicos «liberais» e «ultramontanos» [os intransigentes] detestavam-se reciprocamente e se entredevoravam.

Época de transição e, portanto. de contrastes e até de contradições. As altas personalidades oficiais ostentam uma aparência devota que camufla as imoralidades daquilo que se denomina «o festim imperial». É a época em que Flaubert se vê arrastado à barra dos tribunais, sob a acusação de ter escrito um romance «em discordância com a moral...», enquanto as favoritas ditam a lei na corte. Entre 1853 e 1855, a cólera, doença antiga, leva à morte duzentos mil franceses. Eis o lado negativo. Em contrapartida, passa-se a escrever Progresso com «P» maiúsculo, e a primeira Exposição universal de Paris abre imensas perspectivas à indústria. Em 1852, são três mil os quilômetros de estradas de ferro; em 1858, já são dezesseis mil, percorridos por pequenas locomotivas atarracadas que vomitam fumaça, fagulhas, e fazem um barulho infernal. Os camponeses maravilham-se e assustam-se: «Eu vi a rastejante besta faramina[1] que bufa, açoita e destrói os campos», diz uma boa mulher. Paris está nas mãos do Prefeito, o barão Haussmann, que corta e retalha a seco os antigos quarteirões para criar uma cidade nova com iluminação a gaz. Cresce o espírito de especulação, os bancos multiplicam-se como cogumelos. Os serviços telegráficos abrem-se ao grande público; o primeiro cabograma atravessa o Atlântico.

Faz dez anos que se descobriu ouro na Califórnia. Os pioneiros do Novo Mundo colonizaram o Oeste americano, mas este colonizará o mundo. A Companhia Tran-

---

(1) Monstro de uma lenda do século XVIII, metade dragão e metade urso, que amedrontava as crianças e devorava répteis. (N. E.)

satlântica liga o Antigo e o Novo Continente, e a Companhia do Canal de Suez está prestes a ser constituída. Sob o olhar de Júlio Verne, vai tomando corpo o universo fantástico que ele imaginou.

Mas o campo continua muito atrasado. É como se se trabalhasse na Idade Média. O arado de duas relhas só aparecerá alguns anos mais tarde.

Guerras: depois da guerra da Crimeia, expedições à Itália, à China, ao México. O Segundo Império mereceu ser definido assim: «Um período de guerras e despotismos; período também de grande desenvolvimento econômico, de prosperidade material, de expansão colonial, que se encerra com uma tardia tentativa de formar um governo liberal, a que se segue um desastre nacional – a guerra de 1870».

Grandes figuras: Pasteur, Victor Cousin, Lacordaire, Leverrier, Claude Bernard, um pároco de aldeia que atrai multidões: já o chamam o Santo Cura d'Ars.

No ano anterior, Baudelaire publica *As flores do mal*. Os escritores mal conseguem respirar. Desapontado nas suas ambições, Vigny retira-se para o seu castelo de Charentes. Quanto a Lamartine, está esquecido e tão pobre (só possui um capote surrado), que hesita em ir jantar em casa de Émile de Girardin, o criador da grande imprensa... Alfred de Musset morreu há pouco e, já em 1859, George Sand propõe que a *Revue des Deux Mondes* publique a obra *Elle et Lui*, onde dá vazão a rancores acumulados ao longo de dezessete anos: hostil ao Império, nada mais espera da vida senão tornar-se «a boa senhora de Nohant».

O descontentamento fermenta, exceto no círculo das grandes empresas, mas ainda se manifesta com prudência. Trovejam os *Castigos* de Victor Hugo, seguidos pelas *Contemplações*. Para conservar a liberdade de indignar-se, o grande poeta prefere continuar no exílio: «E ainda que um só não retornasse, esse seria eu!»

A rainha Vitória já reina sobre a Inglaterra, e Francisco José sobre a Áustria: o seu herdeiro no trono cometerá suicídio. Victor-Emanuel II é rei da Itália; Frederico Guilherme IV, rei da Prússia, ficará louco. Sob o cetro de Alexandre II, 80% da população da Rússia vive em regime de servidão. O czar morrerá assassinado.

Por fim, o socialismo internacional apregoa a sua doutrina, mas tem poucos adeptos e mal disciplinados: a revolução industrial encarregar-se-á de formá-los.

Assim se pode descrever a traços largos o quadro que impera naquela manhã de fevereiro de 1858: um dos períodos mais densos e confusos da história da França e da civilização. O inglês Bertrand Russel sintetiza-o numa frase cínica, mas justa: «Enquanto os idealistas se entredevoram na guerra civil (americana), os espíritos pragmáticos, do mais elevado ao último dos homens, aproveitam o tempo para ganhar dinheiro».

É nesse mundo, ou mais exatamente nesse universo caótico, que uma Senhorita de branco aparece com regularidade a uma pastora. E essa pastora de Lourdes – aquietado o primeiro impulso de espanto que a irrupção do sobrenatural suscita na natureza – rejubila-se com o que vê, do mesmo modo que os pastores de Belém se rejubilaram ao verem o anjo do Senhor cercado de uma grande corte do exército celeste: «Glória a Deus nas alturas e paz na terra aos homens de boa vontade».

* * *

A sra. Millet falou, falaram a senhorita Peyret, o sapateiro, a moleira e o moleiro Nicolau, os alunos das Irmãs, os alunos dos Irmãos. A vila inteira comenta: «Uma menininha viu uma Senhora de branco que lhe apareceu às margens de Massabielle!

Até mesmo pessoas que pareceriam capazes de maior discernimento estão perturbadas: «Se vocês vissem essa menina quando a Virgem está lá! Diriam que é uma santa! É para pôr-se de joelhos!», diz um dos senhores do Círculo São João que, informado pela esposa, debate acaloradamente a notícia com os colegas no Café Francês.

– Há nisso uma cândida poesia que cativa as mulheres – diz Estrade, funcionário do serviço de impostos. – Acreditam vocês que a minha irmã Emmanuélite irrompeu esta manhã no meu quarto e me acordou com essa história das visões de uma pastora?... E isso no século da locomotiva! Não me abalei e voltei a dormir.

Quanto ao doutor Dozous, quer tirar as coisas a limpo. Embora só frequente a igreja por ocasião dos enterros, não é hostil às ideias religiosas, mas é homem de ciência: uma vidente em êxtase!, aí está um assunto que não se tem oportunidade de pesquisar todos os dias. Por ele, diria que se trata de simulação ou de neuropatia! Em todo o caso...

Para não cruzar-se com os grupos de mulheres palradeiras, no domingo, dia 21, Douzous pôs-se a caminho da gruta antes do amanhecer. Não foi ele o único a pensar nisso: naquela manhã, pela primeira vez, havia muita gente que rumava para Massabielle: eram homens, mulheres e crianças, gente em geral do povo mais simples, que, antes e depois da missa, se dirigiam para a gruta. Pelo caminho, os grupos deram passagem ao médico, que era conhecido pela maior parte dos moradores de Lourdes. Era uma multidão respeitosa; algumas mulheres levavam velas, que acenderiam quando a vidente chegasse.

Não tiveram de esperar muito. O doutor viu Bernadette descer a encosta a passo rápido, acompanhada por um tropel mais circunspecto de curiosos ou de gente fervorosa. Fez-se silêncio quando a menina, de joelhos, começou a desfiar o terço.

O doutor Dozous anotou:

«O rosto de Bernadette não demorou a transformar-se, coisa que os que estavam junto dela observaram e que tomaram como indício de que a menina estava na presença da Aparição.

«A menina desfiava numa mão as contas do terço e, na outra, segurava uma vela acesa que, por efeito de uma forte corrente de ar que soprava ao longo do Gave, se apagava com frequência; cada vez que isso acontecia, ela entregava a vela à pessoa mais próxima, que voltava a acendê-la.

«Com muita atenção, segui cada um dos gestos da menina. Queria saber como estavam naquele momento a sua circulação sanguínea e a respiração. Segurei um dos seus braços e pus os meus dedos na artéria radial. O pulso estava normal e a respiração fácil: nada indicava uma superexcitação nervosa que repercutisse em todo o organismo de forma inusitada.

«Depois de lhe ter largado o braço, Bernadette avançou um pouco em direção ao alto da gruta. Vi então o seu rosto entristecer-se, em contraste com a beatitude mais perfeita que manifestara até esse momento: duas lágrimas caíram-lhe dos olhos e escorreram-lhe pela face...»

Essa mudança de fisionomia surpreendeu o médico. Pouco depois, Bernadette retomou a sua aparência de sempre e viu o doutor Dozous junto dela. Os «habituais» de Massabielle conservavam-se à distância, numa atitude respeitosa ante a presença do médico. Dozous perguntou à menina:

– Que lhe aconteceu?

– A Senhora tirou o olhar de mim por um instante e olhou para longe, por cima da minha cabeça. Tinha a cara muito triste. Perguntei-lhe o que a afligia, e ela respondeu-me: «Reze pelos pecadores!...» Depois, readquiriu a sua expressão de bondade e serenidade, o que me tranquilizou...

O doutor Douzous concluiu o seu parecer médico com estas palavras: «Bernadette retirou-se agindo da forma mais simples, mais modesta...»

É bom frisar desde já que é preciso muito mais para persuadir um cientista. Por isso, o médico continuou a observar Bernadette nas aparições seguintes, e foi somente na décima sétima que lhe disse: «Acredito agora que vês alguma coisa, mas não sei o que vês!»

O que mais o deixou perplexo foi observar na menina a regularidade do pulso, da respiração, a ausência de qualquer indício de morbidez, de exaltação mística suspeita. Sem dúvida, a vidente não era uma psicopata. Mas daí a admitir a veracidade das visões...

Uma Santa Teresa de Ávila não se deixaria convencer por esses sinais, ela que costumava pôr em guarda as suas filhas contra qualquer manifestação aparentemente sobrenatural. No caso de Bernadette, o que teria tranquilizado a grande mística espanhola seria a simplicidade da menina, a sua modéstia, a despeito da curiosidade unânime que fazia dela o centro das atenções, ao ponto de algumas mulheres já andarem proclamando a sua santidade. Teresa de Jesus nunca cessava de afirmar que os favores divinos são verdadeiramente divinos quando têm por efeito dar lugar a uma grande humildade e ao crescimento das virtudes: esse era o sinal, a contraprova.

Ora, era verdadeiramente impossível descobrir em Bernadette qualquer assomo de gloríola. Na sua simplicidade, a menina está como que no mesmo nível do infinito. Não discute, não argumenta, obedece com uma docilidade de criança. Desde os primeiros dias, mostra-se reservada e discreta.

Não procura ficar em evidência, não toma a iniciativa de falar das suas visões; quando, porém, é interrogada, responde com incansável paciência. Desse ponto de vista, a sua vida será apenas um longo interrogatório...

Ao calor do seu casebre, no seu miserável lar, aprendeu a amar: a receber pancadas e ternura. Antes de tomar qualquer decisão, consulta os pais. Somente uma vez agiu por vontade própria: foi quando resolveu deixar Bartrès para retornar a Lourdes.

Vontade própria? Para sermos exatos, obedecia a uma ordem interior, recebida do Altíssimo.

A «pequena Senhorita» não poderia também ter aparecido em Bartrès? É um problema que não nos compete elucidar. Deve-se presumir que existia um plano de Deus a esse respeito. Jesus quis nascer em Belém.

As desgraças da família não tornaram Bernadette arredia nem azeda, mas mais prudente. Porém, diante da Aparição, vira as costas a essa prudência e corre a Massabielle sem a menor inquietação: confiança tranquila, visível paz interior. O amor pela Santíssima Virgem fá-la sair da circunspecção característica dos pobres, que bem sabem que, para eles, tudo é sofrimento. Não será feliz neste mundo? Muito bem, já está acostumada. Só será capaz de dar testemunho se se oferecer em holocausto. E sem sequer formulá-lo em palavras nem em pensamentos, dá-se toda inteira, obediente sem ter feito voto de obediência, pobre sem ter feito voto de pobreza, casta sem ter feito voto de castidade.

É uma menina, e vê uma Virgem jovem. Companhia segura, Maria é para ela uma companhia celeste: «Nós somos atraídos pelo aroma suave dos teus perfumes, as moças te amam de todo o seu coração, aleluia!» (Ct 1, 3).

Quem aparece a Bernadette, embora ela ainda não o saiba, é a Virgem-Mãe na aurora dos tempos, tal como a descreve o livro dos *Provérbios,* tal como a Igreja a ama e venera, numa efusão de alegria.

É Aquela que diz:

«O Senhor criou-me, como primícias das suas obras, desde o princípio, antes do começo da terra.

«Fui formada desde a eternidade, antes das suas obras dos tempos antigos.

«Fui concebida quando ainda não havia abismos, quando ainda não tinham brotado as fontes das águas.

«Fui dada à luz antes de as montanhas e as colinas terem sido assentadas, antes de terem sido feitos a terra, os campos e os primeiros elementos da poeira do mundo.

«Quando Ele preparava os céus, ali estava eu.

«Quando traçou o horizonte na superfície do abismo, quando firmou as nuvens no alto e dominou as fontes do abismo, quando impôs regras ao mar, para que as suas águas não transpusessem os seus limites, quando estabeleceu os fundamentos da terra, junto dEle estava eu como artífice, brincando todo o tempo diante dEle, brincando sobre o globo da terra, achando as minhas delícias entre os filhos dos homens...» (Pr 8, 22-31).

Bernadette diz: «Ela tem a minha idade...»

E a Senhorita celeste ordena à pobrezinha deste mísero mundo: «Reze pelos pecadores...» E rezam juntas: a Virgem-Mãe, toda feita de compaixão, e a inocente filha de Eva, a inocente filha do pecado.

Isto passava-se no primeiro domingo da Quaresma, quando a Igreja declara nitidamente que o tempo de penitência é também o da esperança divina: «Este é o tempo favorável, este é o dia da salvação... Aquele que vive sob a proteção do Altíssimo repousa à sombra do Onipotente... Retira-te, Satanás!...»

Ora, precisamente na véspera, «cavalgando ao longo de um atalho» em direção a Lourdes, soldados de Tarbes, de farda simples mas com galões brancos e cinturão amarelo, haviam trocado algumas palavras:

— Parece que em Lourdes acontecem coisas extraordinárias: a gente vai a uma gruta presenciar aparições...

— É por isso que estamos sendo mandados para lá – diz um dos guardas...

— Que temos a ver com isso? Se a Virgem aparece por lá, não é da nossa conta... «Garantir a propriedade» já é um trabalho bem difícil, como diz a canção...

— Mas é isso mesmo. A visionária é filha de um certo Soubirous, que foi posto atrás das grades por ter roubado uma prancha...

— Essa gente dá muito trabalho à Justiça. Uma tia da mãe da menina tem o nome ligado ao de um criminoso que o Tribunal de Justiça condenou à morte...

— Não me surpreenderia que houvesse vigarice por baixo do pano...

Depois, sonhavam em silêncio;
Só se ouvia o trote
Dos cavalos trotando ao mesmo compasso...

As autoridades envolvem-se no caso

O meu reino não é deste mundo.

João 18, 36

Pouco depois de Bernadette ter voltado de Massabielle, o chefe do destacamento de polícia de Tarbes, Renault, reunia-se com três importantes personalidades: o procurador imperial Anselme-Vital Dutour, o juiz de instrução Rives, e o comissário de polícia Jacomet.

Cada um deles tinha como máxima: «Nada de histórias». Vale para os funcionários públicos o mesmo princípio que se aplica às mulheres honestas: quanto menos se fale deles, melhor. Envolver o nome de uma autoridade num assunto discutido pode prejudicar a carreira: as pessoas têm uma língua tão maldosa!

Não havia lei que impedisse alguém de rezar, mas existia um dispositivo legal que proibia qualquer ajuntamento de pessoas suscetível de degenerar em contendas. Ora, era bem possível que a troca de palavras entre os que acreditavam nas aparições e os que não acreditavam tomasse corpo e acabasse por dar lugar a confrontos...

Além disso, as margens do rio junto de Massabielle não tinham espaço para receber quarenta ou cinquenta pessoas, o que fora o caso na manhã daquele domingo. E se, ao subir a ladeira que levava à gruta, uma mulher tivesse torcido o pé e fraturado algum osso?... Pior ainda: e se tivesse morrido? Não faltavam motivos para as autoridades responsáveis se mostrarem alarmadas.

Ainda por cima, algumas pessoas da alta sociedade – entre as quais a própria filha do oficial de justiça – tinham aventado a peregrina ideia de que quem aparecia em vestes brancas era a alma de Elisa Latapie, o que complicava as coisas: seria algo tão embaraçoso como uma presumível aparição de Nossa Senhora, porque se acabaria por envolver na questão as Filhas de Maria. Felizmente, ao menos o clero não interveio.

– Bernadette Soubirous é uma criança – disse o comissário de polícia. – Bastará convocá-la, intimidá-la, para que deixe de alvoroçar os crédulos. Encarrego-me disso.

– Serei eu que me encarregarei – corrigiu o procurador. – Falarei com ela esta manhã.

O sr. Dutour não pretendia intimidar Bernadette; ao contrário, desejava cativá-la, a fim de que falasse livremente. Desse modo, poderia avaliar melhor a psicologia da menina. Um suspeito amedrontado não fala abertamente. Bernadette não era suspeita, mas o representante da Justiça queria avaliar o seu caráter. Por meio de um funcionário do cartório, fez-lhe chegar educadamente o pedido de que se encontrasse com ele após a missa dominical.

Quando Bernadette entra na sala, o procurador já está ali, atrás da sua mesa de trabalho. É uma pessoa ainda jovem (tem quarenta e um anos), de aspecto bondoso sob o perfil grave do magistrado. Casado, pai dedicado, a menina que tem diante de si lembra-lhe os seus filhos. Uma reconfortante lareira mantém aquecida a sala, onde se acumulam dossiês.

Bernadette veio só. O sr. Dutour cumprimenta-a tratando-a pela terceira pessoa e não por tu, mas não a convida a sentar-se; a menina permanece de pé, com uma das mãos apoiada na mesa. O procurador percebe logo que nada na atitude de Bernadette revela desconfiança ou medo: denota calma, sem timidez nem autossuficiência.

Nela tudo é simples e mesmo comum. Está bem vestida, mas sem nada que chame a atenção: é a dignidade

O comissário Dominique Jacomet e o procurador imperial Dutour.

na indigência. A pedido do procurador, descreve as suas visões. O procurador toma notas e, de quando em quando, lança-lhe um olhar penetrante.

Bernadette exprime-se no dialeto local, sem se apressar, mas em nenhum momento responde às perguntas com um silêncio embaraçado. De duas, uma: ou é uma rematada comediante ou a própria imagem da sinceridade. Concluído o relato, cala-se.

– Pretende voltar à gruta todas as manhãs? – pergunta-lhe o procurador.

– Sim, senhor; prometi ir lá durante quinze dias.

– Mas não lhe disseram que a sua visão é um sonho, uma ilusão, e que não deve agarrar-se a ela? As Irmãs Religiosas que a instruem, e que são muito piedosas, já lhe asseguraram isso. Por que não segue esse conselho? Assim evitaria comentários a seu respeito.

– Sinto muita alegria quando vou à gruta.

– Recomendo-lhe que não o faça; poderíamos impedi-la à força...

– Sinto-me arrastada por uma força irresistível.

– Tome cuidado: muitas pessoas suspeitam que você e os seus parentes querem explorar a credulidade do povo, e eu inclino-me a concordar: a sua família é muito pobre; as visitas que faz à gruta oferecem-lhe momentos de deleite que até agora desconhecia e que espera que aumentem. Devo avisar-lhe que, se o seu relato sobre as aparições não é sincero, ou você e seus pais pretendem tirar daí algum proveito, expõe-se a ser perseguida e severamente condenada.

– Não espero tirar nenhuma vantagem desta vida.

— Acredito. Mas responda-me: não é verdade que aceitou a hospitalidade da sra. Millet? Não é verdade que, em casa dela, recebe um tratamento muito melhor do que poderia ter em sua casa? Não estarão os seus pais com a ideia de subir na vida, servindo-se para isso das suas visões, embora talvez não passem de sonhos ou, pior ainda, de mentiras?

— Foi a sra. Millet que quis levar-me para casa dela. Aceitei para dar-lhe gosto: não pensava em mim. Não menti, nem a ela nem a ninguém.

A fisionomia grave do sr. Dutour não parece perturbar a menina. A sua linguagem inocente, a sua inflexão de voz doce e convicta, impelem à confiança. Quando evoca certos sentimentos — como a alegria que experimenta na gruta —, o seu rosto ilumina-se de um modo tão comovente que só se descobre nele a efusão de uma criatura cândida.

— Muito bem. Pode sair.

E, tão calmamente quanto à entrada, Bernadette simplesmente se retira. Não se intimidou nem prometeu voltar mais à gruta. Na realidade, a vitória foi sua, mas, vendo-a de perto, poder-se-ia jurar que não foi ela que esteve em jogo. Essa é a pura verdade.

À tarde, uma vez concluída a oração das vésperas, toda a cidade de Lourdes se achava defronte da igreja. Chapéus de aba larga, damas da burguesia com casaquinhos curtos e as suas crinolinas[1] — aliás, os bispos proibiam que as

---

(1) As crinolinas eram armações usadas debaixo das saias para lhes conferir volume, o que dispensava o uso de várias anáguas. Além de muito mais leve, a crinolina era muito mais prática. (N. T.)

Filhas de Maria aderissem a essa moda, alegando: «Isso é diabólico!» – misturavam-se com as capuchas e os lenços de pescoço das aldeãs, e os seus respectivos vestidos de pregas. Os homens do povo usavam uma espécie de camisa grande, solta, geralmente de algodão; os senhores, casaca longa.

A multidão escoava-se lentamente; alguns grupinhos conservavam-se na praça – no domingo, dia do Senhor, as tagarelices eram de tradição.

Um pouco mais atrás, um homem de alta estatura parecia aguardar alguma coisa: era o comissário Jacomet. Ao lado dele, com a sua camisa grande solta, chapéu de dois bicos, postava-se o guarda campestre, Pierre Callet.

De repente, quando já não havia quase ninguém no átrio da igreja, Callet disse ao comissário:

– Aí está ela!

E apontou para Bernadette, que estava rodeada da mãe e das tias. O sr. Jacomet alcançou a mocinha e tocou-lhe o braço:

– Siga-me.

– Sim, senhor, para onde quiser.

Sem dizer palavra, as parentes deixaram-na ir.

Em Lourdes, o comissário era conhecido de todos. Diziam dele: «É um belo homem, muito cortês, sempre alegre; tem uma fisionomia que agrada muito; parece um general, sobretudo quando está de uniforme, com o seu chapéu armado...» Nesse domingo, talvez para não causar em Bernadette uma impressão muito forte, estava em trajes civis e sem o seu quepe.

O guarda campestre sentia viva admiração por ele. «Conosco, é muito educado, e também com os outros. Quando vai às prefeituras, começa por visitar os párocos e é sempre bem recebido. Posso atestá-lo, pois o acompanho com frequência. Nunca lhe ouvi uma palavra grosseira contra a religião ou contra os padres; nem tampouco palavrões ou blasfêmias; nunca fala de coisas indecentes. Sim, ele pôs ordem na polícia! É temido, mas não é maldoso nos relatórios que envia ao tribunal de polícia correcional».

Acompanhada pelo guarda campestre e por esse elegante mas severo comissário, Bernadette dirige-se à casa onde este mora, na rua Saint-Pierre.

– Pobre Bernadette! Vai parar na prisão! – dizia a gente que os via passar.

Bernadette sorria.

– Não tenho medo. Se puderem mandar-me para a cadeia, também poderão soltar-me de lá.

Outros transeuntes resmungavam: «Como o comissário é maldoso!» Mas Jacomet continuava a caminhar, sem se dignar responder.

A uma respeitosa distância, seguiam-nos os Castérot-Soubirous e um punhado de curiosos.

Ao chegar ao seu domicílio, o comissário disse à menina:

– Entre!

Bateu a porta na cara dos pais e curiosos:

– Vocês não têm nada que fazer aqui!

Mandou o guarda ficar na sala de entrada, conduziu Bernadette à sala vizinha e fechou a porta.

A sra. Jacomet, que esperava com impaciência a chegada da vidente, também deu com a porta do aposento fechada. Fez, porém, uma coisa que nunca se atrevera a fazer: grudou a orelha na porta e ouviu tudo. Sorria, dando uma piscadela ao guarda. Este não sabia se também devia rir, ou conservar a fisionomia severa que o exercício das suas funções lhe impunha.

Mas o interrogatório de Bernadette não foi a sós. Mal a menina entrou no quarto, irrompeu lá a srta. Emmanuélite, que residia no andar de cima com o irmão, funcionário da repartição de coleta de impostos, a quem foi buscar. O comissário fez-lhes sinal de que ficassem.

Era a primeira vez que os Estrade viam Bernadette. Assim como sucedera com o sr. Dutour, também eles ficaram impressionados com a atitude natural da menina, com a sua modéstia e inflexão de voz, características de quem diz a pura verdade.

Durante os quarenta e cinco minutos que durou o interrogatório, Bernadette, sentada em frente da mesa, manteve-se calma, de olhar afável, com as mãos cruzadas sobre os joelhos. O tom da sua voz, embora um pouco forte, era agradável.

Ninguém melhor do que Jacomet sabia desmascarar um trapaceiro e fazê-lo confessar. Que iria ele tirar dessa menina, que parecia tão ingênua?

De início, o comissário assumiu um tom insinuante:

– Falaram-me com tanto interesse das belas coisas que você vê em Massabielle, que fiquei com vontade de ouvi-la contar o que a atrai a esse lugar... Pode dizer-nos como foi o seu encontro com a Senhora da gruta?

Sem se fazer rogar, pela centésima vez desde o dia 11 de fevereiro, Bernadette descreve as aparições. O comissário vai tomando notas, como fizera o sr. Dutour, e, tal como este, olha para ela de vez em quando, mas com um olhar mais penetrante. A menina não se altera.

– Tudo o que você nos conta é muito interessante, mas quem é essa senhora? Já a conhecia? – pergunta-lhe o comissário.

– Não, não a conhecia – responde Bernadette.

– Você diz que é bela. Como quem?

– Oh!, meu senhor, é mais bela que todas as senhoras que já vi até hoje.

– Mais bela que a sra. N... ou a sra. M...?

– Não lhe chegam nem aos pés...

– Essa senhora move-se, fala, ou fica parada no seu lugar como uma estátua de igreja?

– Oh! Ela move-se, sorri e fala como nós. Perguntou-me se eu lhe podia fazer o favor de retornar à gruta durante quinze dias.

– Que resposta lhe deu?

– Prometi voltar.

– Diz que é a Santíssima Virgem que lhe aparece?

– Não sei se é ela: não me disse nada.

– Então alguém a fez pensar que é a Santíssima Virgem. Conhece essa pessoa?

– Não, meu senhor.

Jacomet muda de tom, faz-se ameaçador:

– Estou registrando tudo o que você diz. Se fala a verdade, logo veremos; mas ai de você se mente! Olhe: a melhor coisa que pode fazer é confessar-me que mentiu, a não ser que prefira ir para a cadeia. Vamos, fale!

— Senhor, eu não lhe menti.

— Pior para você! Se é o que quer, será punida!

Toma o papel onde escreveu as respostas de Bernadette e, para confundi-la, finge que lê, mas lê em voz alta coisas totalmente diferentes do que ela afirmou.

— Você disse-me no começo que a sua senhora é bela como a sra. M...

— Não senhor, eu não disse isso! Disse que é mais bela do que todas essas senhoras.

— Ela apareceu-lhe no fundo da gruta...

— Não! Acima da moita...

— Os seus cabelos caem para trás, como um véu...

— Não disse isso! Disse que traz um véu muito branco, muito comprido! Mal dá para ver-lhe os cabelos...

— Tem uma rosa na cintura...

— Não! Não! O senhor mudou tudo o que eu disse. O que ela tem na cintura é uma faixa azul, não uma rosa; e tem uma rosa amarela em cada um dos pés.

Claramente, mas sem acrimônia, Bernadette corrige os erros fingidos pelo comissário. O homem pensa com os seus botões: «Não há nada a fazer com esta menina». E diz:

— Bem, esta comédia vai acabar! Promete-me não voltar a Massabielle?

— Senhor, aquela Dama pediu-me o favor de retornar ali durante quinze dias. E eu disse-lhe que sim.

Não era preciso mais nada para que Jacomet perdesse as estribeiras:

– Quer voltar lá? Muito bem! Vou chamar os guardas! Eles vieram de Tarbes especialmente para levá-la! Prepare-se para ir para a prisão!

– Tanto melhor! Darei menos despesas ao meu pai, e na prisão o senhor virá ensinar-me o catecismo!

Tais eram os ímpetos de grande vivacidade de caráter que afloravam em Bernadette de vez em quando. Apesar dos reiterados pedidos do irmão da srta. Estrade, a menina – firmemente, calmamente – recusou-se a retratar-se.

François Soubirous apareceu bem na hora: vinha buscar a filha. O comissário virou-se contra ele:

– O senhor é o pai da menina Soubirous? Justamente agora ia mandar procurá-lo. O senhor deve conhecer a farsa que a sua filha vem representando. Se não estivesse em jogo a paz da nossa cidade, tudo isto seria apenas ridículo. Mas já é demais. Como a sua filha é menor, o senhor responderá por ela.

François Soubirous, que só desejava pôr um fim àquela história, prometeu do fundo do coração que Bernadette não voltaria à gruta. Aliás, a proibição do sr. Jacomet seria um bom motivo para deixar de receber os curiosos em sua casa.

– Tudo isto são enredos de falsas devotas – disse o comissário aos Estrade, depois de ter feito Bernadette e o pai saírem pela porta dos fundos.

– Eu veria nisto, mais que nada, as imaginações de uma criança – disse o funcionário da repartição de impostos.

– Meu caro, bem se vê que o senhor não é da polícia.

As autoridades decidiram que um policial iria todas as manhãs à gruta e relataria ao chefe de regimento Renault o que se passara e o que se comentara, bem como o número e qualidade das pessoas que tinham estado presentes.

Por sua vez, prefeito e comissário de polícia resolveram pôr um vigia para seguir estreitamente os movimentos de Bernadette. Tudo o que lhe chamasse a atenção seria levado ao conhecimento dos dois.

Nessa noite, corria o riso solto em casa dos Jacomet:

«A Santíssima Virgem desceu do céu para pedir à srta. Soubirous o favor de visitá-la em Massabielle!»

Mal saiu das mãos do comissário, a pequena Soubirous viu-se rodeada de um grupo de mulheres que lhe pediram para ir visitar o padre Pène, coadjutor do pároco de Lourdes. O clero ainda não interviera na questão, mas o padre morava próximo do comissário e as vizinhas pediram-lhe que recebesse a vidente. Por que não?

«Ela relatou-me – diz o padre – as visões que teve desde o dia 11 de fevereiro, e falou-me tranquilamente e com naturalidade, sem temor, sem petulância, friamente, como quem cumpre um dever.» Parecia até demasiado fria, coisa compreensível porque era o terceiro interrogatório do dia. Teria necessitado de uma força pouco comum para não estar extenuada, à beira de uma crise de nervos.

Impressionado com o ar simples e modesto da menina, o padre Pène considerou-a incapaz de enganar as pessoas; mas não levou as suas visões a sério. Também ele fez de tudo para confundi-la. Quando Bernadette lhe repetiu as palavras pronunciadas pela Senhora: «Não prometo fazê-la feliz neste mundo, mas no outro», soltou uma gargalhada:

— Que bom! Agora podes divertir-te, fazer o que quiseres; já sabes que estás salva!

— Oh! Nada disso: ela far-me-á feliz desde que eu faça o bem...

Para Bernadette, fazer o bem era antes de mais nada obedecer. Em casa, a mãe lamentava-se:

— Se voltares à gruta, acabaremos todos doentes!

A menina respondeu:

— Isso dói-me muito... É preciso que eu escolha entre obedecer à senhora [à mãe] ou à outra Senhora?...

Nessa noite, depois de fazer as suas orações, deitou-se num estado de perturbação que se esforçou por acalmar suavemente. Foi um tempo em que toda a decisão que tinha de tomar se fazia acompanhar destas palavras: «... Se o bom Deus quiser...» Procurador, comissário, pai e mãe, proibiam-na de voltar a Massabielle. Que fazer? Quem o saberia?... Quantas coisas espantosas não tinham já acontecido!...

Num sono entrecortado, com o terço na mão, murmurando Ave-Marias, revê em pensamento a pequena Senhorita de branco, e ouve a sua voz doce: «Podes fazer-me a gentileza de vir aqui durante quinze dias?»

«Deveria ter respondido: "Virei, sim, se o bom Deus quiser..."»

Ora, apesar do procurador, apesar do comissário, apesar de Louise e François Soubirous, apesar dos guardas, apesar dos delatores, o bom Deus queria...

> *Os guardas encontraram-me quando faziam a sua ronda na cidade*
> Cântico dos Cânticos 5, 7

Na segunda-feira cedo, os Soubirous acabavam de levantar-se quando a sra. Nicolau lhes bateu à porta: estimava muito aquelas pobres pessoas, e os interrogatórios da véspera tinham-na deixado inquieta pela sorte delas:

— Não deixem Bernadette voltar à gruta! Não cedam! As minhas vizinhas censuram-me por vir aqui aconselhar-lhes como faço. Dizem-me: «Quem é você para impedir que essa criança cumpra o seu dever? Aquela Senhora pediu-lhe que fosse lá durante quinze dias!» São mulheres de bem, mas nenhuma irá para a prisão em lugar de vocês!

A palavra «prisão» tinha o condão de apavorar os moradores da casa que já fora calabouço. Louise agradeceu à professora primária com lágrimas nos olhos (desde o dia 11 de fevereiro, não passava um dia sem que a infeliz chorasse), e François Soubirous afirmou:

— Louise e eu decidimos: Bernadette irá à escola, somente à escola, sem tornar a desviar-se do caminho!

Bernadette, portanto, foi às aulas. A Madre Superiora recebeu-a com uma admoestação:

— Desta vez, espero que todo este carnaval tenha chegado ao fim!

Foi após o almoço, retornando à escola, que, de súbito, a menina tomou o caminho da gruta. «Não podia controlar as minhas pernas, que me levavam a Massabielle...», diria mais tarde.

Mas os soldados estavam à espreita, e dois deles puseram-se a acompanhá-la. «Mantinha o seu ar simples e modesto, tão calma como se estivesse entre o pai e a mãe», observou a srta. Estrade.

Também as curiosas estavam, pois, à espreita, e umas dezenas de mulheres e crianças seguiram a menina à distância.

Tudo em vão. Nesse dia, de joelhos sobre a pedra lisa, Bernadette rezou o terço inteiro com a expressão de sempre.

– Vês alguma coisa?, perguntou-lhe alguém.

– O sargento está aqui no meio; não consigo ver nada...

O sargento de Angla soltou uma gargalhada:

– Tenho o ar de um diabo, mas sou um diabo bom! Se você não fosse uma idiota, saberia que a Virgem não tem medo dos soldados! Por que então você tem medo? Será que a consciência a acusa de alguma mentira?

Realmente, era um diabo bom: apesar do vozeirão, tocava paternalmente o ombro da menina.

Bernadette levantou-se e foi ao moinho de Savy. Louise Soubirous esperava a filha, e estava tão aflita que lhe faltaram energias para repreendê-la pela desobediência. Aliás, ela própria procurava desculpas para a menina: «Disse-me que alguma coisa, que não sabe explicar o que é, a forçou a ir até lá...» Em seguida, um rio de lágrimas.

Regressando de mãos vazias, as comadres espalharam a notícia: «As aparições terminaram de repente!» As mulheres que acreditavam começaram a lamentar-se; as outras zombavam: «A Senhora da gruta está com medo dos soldados! Ah! Ah!...»

Quanto à tia Lucile e à tia Basile, não deixaram a menina em paz. Claro, a ocasião era muito boa para conseguir que daí em diante ela ficasse tranquila:

– Quer dizer que não a viste!

De coração pesado, Bernadette respondeu com um amuo de criança que se esforça por não chorar:

– Não sei em que foi que faltei a essa Dama...

– São tolices, bem vês...!

Estrela da manhã

Levanta-te, minha amiga; vem, formosa minha.

Cântico dos Cânticos 2, 10

Terça-feira, 23 de fevereiro

«São tolices...»

No entanto, no dia seguinte, antes de amanhecer, Bernadette levantou-se. Mas antes de se ter levantado, uma centena de vultos arrastava os seus tamancos pelas ruas de Lourdes, a caminho de Massabielle. Cada um desses vultos julgava ser o único a saber que a vidente iria retornar à gruta.

A srta. Estrade estava entre essas sombras confidencialmente informadas. Acompanhavam-na algumas amigas. O seu irmão escoltava o grupo: considerava – confessa Emmanuélite – que «não era conveniente que umas mulheres se aventurassem a percorrer a essas horas um caminho que nos parecia deserto... As reflexões do meu irmão fizeram-nos rir bastante, de modo que chegamos à gruta sem muito recolhimento».

Quando Bernadette chegou, metade da multidão ajoelhou-se ao mesmo tempo que ela. A vela acesa que trazia na mão iluminava o seu rosto extasiado. Era tão belo, que o irmão da srta. Estrade cochichou à vizinha: «Eu vi a srta. Raquel em Toulouse, em Bordeaux, e achei-a magnífica, mas infinitamente abaixo de Bernadette! Ela vê um ser sobrenatural, sem nenhuma dúvida: a mudança da sua fisionomia vai além de todas as possibilidades humanas...»

A conversa celeste durou uma hora. Depois, a menina esfregou os olhos, levantou-se e retornou à vila com o seu jeito de criança alegre.

Pelo caminho, algumas mulheres diziam-lhe: «Não terei a alegria de ver a Santíssima Virgem! Deixa-me beijar-te, a ti que a vês!» E cobriam-na de beijos. Havia homens que entreabriam a porta à sua passagem e lhe diziam: «Toma cuidado! Tu fazes correr todo o mundo atrás de ti!»

A esses, Bernadette respondia, com a sua delicadeza habitual e surpreendente firmeza:

– Por que vêm atrás de mim? Eu não vou à procura deles!

A srta. Estrade, que acompanhara Bernadette até em casa, ofereceu-lhe uma bela maçã, mas a menina recusou-a. No bairro inteiro, dizia-se: «Desde que Bernadette vê a Dama, é impossível fazê-la aceitar sequer uma noz...»

Quarta-feira, 24

Após a missa das cinco e meia da manhã, a sra. Nicolau voltava para casa. Não quis juntar-se às pessoas que, com uma lanterna na mão, caminhavam em direção a Massabielle como uma procissão de pontos luminosos. Aconselhara aos Soubirous que impedissem Bernadette de ir à gruta e, malgrado o entusiasmo geral, resistia à pressão.

Mas tinha uma empregada chamada Mélanie, que, naqueles dias, mal começava a trabalhar, enchia a casa de ruídos incomuns: batia as portas, chacoalhava as panelas, fechava as janelas com estrondo, varria os quartos a golpes de vassourada: era como se a casa estivesse mal-assombrada. Mais ainda, embora estivesse habitualmente de bom humor, só respondia à dona da casa num tom rabugento.

– Mélanie! Que acontece?

A verdade brotou do coração da boa empregada:

– O bairro inteiro vai à gruta de Massabielle; só nós é que não vamos!

Não seria que a professora esperava apenas que a recriminassem, para que também ela cedesse à curiosidade? Efetivamente, respondeu sem hesitar:

– Por que não?

E levantando-se cedo, a sra. Nicolau, de olhar firme, acompanhada pela empregada em júbilo, foi uma das primeiras a chegar a Massabielle na quarta-feira. Ainda bem que se apressou: naquela manhã, quatrocentas ou quinhentas pessoas disputavam os primeiros lugares.

«Mal nasceu o dia – relata a sra. Fanny Nicolau –, lá estava eu debaixo do nicho. A menina chegou e eu a vi acender a vela e puxar do terço. Nem havia acabado a primeira dezena, quando se tornou branca como uma peça de roupa recém-lavada, arregalou os olhos, e um sorriso aflorou-lhe aos lábios um pouco roxos. Permaneceu cinco ou seis minutos sem nenhum movimento. Depois, não sei se aquela Senhora desapareceu, mas o rosto da menina mudou: uma espécie de véu desceu-lhe da testa até o queixo, a palidez desfez-se e ela retornou à sua cor natural.

«Chorei tudo o que consegui... E só se ouvia o clamor geral: "Meu Deus! Ela vai morrer!"

«Voltando a si, Bernadette levantou-se e, num tom inquieto, perguntou: "Quem tocou a roseira?" Em seguida, dirigiu-se ao rochedo para ver se aquela Senhora não estava no fundo da cavidade da abóbada. Não a encontrou e desceu com duas lágrimas como que coladas na face.

«Ficou de pé diante do nicho e, como aquela Senhora voltou a aparecer-lhe, entrou novamente em êxtase.

«Durante uma hora, a cena repetiu-se quatro ou cinco vezes. A Aparição mostrava-se e desaparecia. De cada vez, o rosto de Bernadette empalidecia e em seguida o mesmo véu diáfano descia-lhe da testa; era mais ou menos como se uma musselina fina e branca tivesse deixado de recobrir-lhe o rosto, e a sua cor natural voltava... Levando isso em conta, via-se perfeitamente que não se estava diante de uma representação...

«No caminho de volta, a menina não tinha muita gente à sua volta; pude aproximar-me dela e perguntei-lhe:

«— Aquela Senhora falou-te?

«— Mas como! Ela estava tão perto de mim, e a senhora não a ouviu?

«Receosa de provocar-lhe um movimento de orgulho, fazendo-a dar-se conta de que só ela ouvia, apressei-me a dizer-lhe:

«– Empurraram-me tanto!... Quase caí! Como te fala? Em francês ou em *patois*?

«– Imagine! Queria que me falasse em francês? Por acaso sei francês? Fala-me em *patois*, e no *patois* de Lourdes... E trata-me por *você*.

«Essas palavras impressionaram-me muito, porque vi o respeito com que a Senhora tratava a menina...»

Uma menina a quem todos tratavam por tu, incluídos os soldados, sobretudo os soldados! E a Senhora acabava de confiar-lhe a sua mensagem salvadora: «Penitência! Penitência!»

Terá sido nesse dia, ou na véspera, que a Aparição selou os lábios de Bernadette acerca de três segredos[1]? A ninguém é fácil guardar um segredo, muito menos a uma menina a quem pessoas graves, hábeis em lidar com suspeitos, interrogam sobre a sua vida até esgotar-lhe a paciência e as forças. Ora, em momento nenhum Bernadette deixou transparecer o menor indício que permitisse descobrir o conteúdo dessas confidências. Se a Senhora de branco não tratava a menina por tu, mas por *você*, isso significava que essa pequena criatura era grande diante de Deus...

Houve homens simples que perceberam essa grandeza e ficaram emocionados. Foi o caso de um dos soldados

---

(1) Assim como a oração que a própria Senhora lhe ensinou, Bernadette nunca revelou esses segredos. O que se sabe é que diziam respeito somente à sua vida. (N. E.)

que, muito tocado ao ver o rosto de Bernadette, a sua maravilhosa brancura que parecia refletir uma luz invisível, voltou de noite à gruta, sem farda, acompanhado pela mulher, para rezar...

Quinta-feira, 25

«Então o coxo saltará como o cervo e a língua dos mudos voltará a falar. Porque as águas se espalharam pelo deserto...» (Is 35, 6).

Ao amanhecer do dia 25 de fevereiro, havia quatrocentas ou quinhentas pessoas em Massabielle: adeptos fervorosos, tais como Emmanuélite Estrade; céticos benevolentes, como o irmão desta; refratários malévolos, como a sra. Jacomet, esposa do comissário de polícia.

A srta. Lacrampe – Elfrida – era uma mulher de piedade austera, que considerava «pouco recomendável» o círculo de pessoas que acompanhavam Bernadette. Os Estrade tiveram de insistir muito com ela para persuadi-la a ir ao local antes de formular um juízo.

Logo de entrada, tudo lhe desagradou. Desagradou-lhe verificar que a multidão respeitava um lugar vazio, «o lugar de Bernadette». Desagradou-lhe ver que Bernadette pedia passagem à multidão num tom de voz que lhe pareceu impaciente. Desagradou-lhe que a vidente, após ter erguido os olhos em direção ao nicho, levasse a mão à capucha como que para tê-la bem posta na cabeça, e que, antes de ajoelhar-se, arregaçasse o vestido para não sujá-lo... «Como é terrível uma pessoa com tantas prevenções», disse uma mulher.

Deve-se reconhecer que, para um espírito desconfiado, crítico, coriáceo, aquele dia 25 de fevereiro não era aparentemente um bom dia...

Nesse dia, de joelhos, Bernadette pôs-se a subir e descer o declive que conduzia ao interior da gruta. «Vi nisso uma agitação ridícula, porque me pareceu sem propósito», comentou Elfrida, enquanto outras testemunhas se emocionavam até às lágrimas ao verem a dignidade com que a menina o fazia.

Naquele tempo, a gruta não era tão aberta como hoje: pedras, areia amontoada, obrigavam a pessoa a agachar-se para ter acesso ao local. Foi por isso que Bernadette se deteve. Olhou para o lado em que costumava ver a Aparição, na cavidade ou pequeno corredor externo que se comunicava com o nicho. Nesse momento, viram-na abaixar-se até a terra, arranhar o chão e reaparecer com a cara salpicada de lama...

A multidão proferiu um «Oh!...» E, quando ela arrancou três pequenos tufos de erva e os mastigou e engoliu, algumas mulheres cobriram o rosto com as mãos.

Todos pensaram ou murmuraram: «Ficou doida!...» Os mais benévolos sentiram uma tristeza profunda: seria possível que aquele sorriso encantador, aquele rosto de criança comum transfigurado em rosto celeste, os belos relatos, o solene modo de fazer o sinal da cruz – seria que tudo isso não passava de um distúrbio mental? Quanto aos maledicentes, triunfavam.

Não faltou nada de quanto pudesse proporcionar argumentos à maledicência. Assim, por exemplo, quando Bernadette, novamente de joelhos, introduziu a mão debaixo da capucha e se coçou visivelmente um bom tempo, não tardou que Elfrida sussurrasse ao ouvido de Emmanuélite: «E você ainda quer convencer-me de que essa menina vê a Virgem?»

Em Lourdes, já se comentava publicamente, como notícia de última hora: «Bernadette enlouqueceu! Agora suja-se de lama e come capim como os animais!»

Alguns ficaram tão chocados que já não queriam sequer ouvir falar de Massabielle. Outros comentavam: «O rosto da menina é bem tranquilo, nada leva a pensar que seja doida, mas acreditar que a Virgem manda fazer essas extravagâncias já é demais!» Elfrida Lacrampe disse a Emmanuélite Estrade:

– Seria melhor que você me tivesse deixado ficar em casa! Antes acreditava pouco, agora menos ainda: veja o que você ganhou!

Ora, eis o que se passou e que o público não podia compreender porque não ouvia as palavras da Virgem:

A Aparição disse a Bernadette: «Vá beber à fonte e lavar-se aí». Como não via água na gruta, a menina já se dirigia ao rio Gave quando a Senhora a chamou e a mandou ir ao fundo da gruta, exatamente ao lugar que Ela lhe apontou com o dedo. Bernadette obedeceu, mas só encontrou terra mais ou menos amolecida. Escavando com as duas mãos, fez um buraquinho, que se encheu de água lamacenta. Após duas tentativas de vencer a repugnância, à terceira bebeu... E a Senhora acrescentou: «Agora vá comer aquela erva que está ali». Ela foi e comeu uma espécie de agrião que viu nesse lugar úmido.

Assim se veio a descobrir a fonte milagrosa: estava escondida debaixo da terra, do mesmo modo que a graça de Deus se oculta sob o grosso invólucro da carne. Para que a água pudesse jorrar um dia – água tão viva que o mundo inteiro ali pudesse curar as suas feridas, tão pura que o mundo inteiro ali pudesse lavar-se das suas imundícies –, Bernadette bebeu a água lamacenta e mastigou a erva da amargura. E a Senhora consentiu em ser humilhada na pessoa da sua mensageira!

Diplomacia do céu: no dia seguinte, ainda houve uma multidão em Massabielle, mas, como o povo da vila se escandalizara com o que lhe haviam contado – à maneira do que acontecera entre os habitantes de Nazaré –, a Aparição não se manifestou naquela altura.

Uns dias depois, com a ajuda de toras de madeira oca e de tábuas, dois operários improvisaram o sistema de canalização e um pequeno reservatório: a água correu pura e já abundante.

Nos dias 27 e 28 de fevereiro, a Senhora reaparece. Faz o mesmo nos dias 1 e 2 de março, depois nos dias 3 e 4.

Ao amanhecer desses dias, o ressoar dos tamancos pelas ruas de Lourdes é contínuo. Agora, a multidão diante da gruta é tão compacta que só se consegue avançar infiltrando-se por entre peitos e costas, desde que se tenha a boa vontade de deixar passar... O movimento das cabeças que seguem Bernadette faz lembrar as ondas do mar. A maior parte dos homens descobre-se, e se algum deles se esquece, os protestos vêm de todos os lados: «Olhe o chapéu! O chapéu!» Quando começa a cair uma chuva de enregelar os ossos, grita-se: «Guarda-chuvas!» Porém, as pessoas não estão lá para assistir a um espetáculo: a partir do momento em que a prodigiosa menina se ajoelha, passa a reinar um imenso silêncio, como se se estivesse na igreja – mas, sem o barulho das cadeiras, sem pigarros, sem coleta de dinheiro.

As fisionomias distendem-se quando Bernadette sorri, assombreiam-se quando fica triste. Está de joelhos, imóvel, de corpo ereto no seu êxtase, como uma estaca cravada no chão. Em outros momentos, sem perder o ar celestial, entrega à pessoa mais próxima a vela que tem na mão e avança de joelhos, apoiando de vez em quando as duas mãos no chão e beijando a terra. Duas ou três vezes, vai até o fundo do rochedo e depois volta de joelhos e beija a terra – essa terra que é sempre mãe no tempo da colheita e sempre virgem no tempo da semeadura, essa terra onde toda a carne se dissolve, à espera da ressurreição.

No dia em que Bernadette fez esse gesto de penitência pela primeira vez, o guarda campestre – esquecendo o essencial das suas funções –, clamou à multidão: «Beijem a terra, todos vocês!» E, na medida em que os corpos comprimidos o permitiam, a multidão obedeceu a esse imprevisto arauto. O bom homem pressentira por que Bernadette imprimia nos lábios a marca do limo original, como ela mesma explicaria mais tarde: «A Senhora mandou-me fazê-lo por penitência: primeiro por mim, depois, pelos outros».

E em todos esses dias, quando regressava a Lourdes, a menina ia à escola. As Irmãs já não tinham coragem para repreendê-la.

O juiz e o pároco

O padre Peyramale.

No domingo, após a missa cantada, quando o canteiro Latapie, por ordem do procurador Dutour, agarrou Bernadette pelo braço, a Irmã que acompanhava os alunos da escola, pôs-se a chorar:

— Por que faz isso? — perguntou ao homem.

— Recebi ordens.

Devia conduzir a vidente ao juiz de instrução, sr. Rives.

A Irmã chorava, mas Bernadette ria:

— Agarre-me bem, porque senão escaparei!

O juiz esperava-a, assistido pelo comissário. Recebeu-a com uma avalanche de repreensões e ameaças:

— Aqui estás, menina travessa. Vamos prender-te! O que é que vais procurar na gruta? Por que fazes correr toda a gente atrás de ti? Vamos prender-te!

Assustar Bernadette?

— Estou pronta. Ainda que a sua prisão esteja bem guardada, eu escaparei!

O juiz não estava com humor para admirar a surpreendente coragem de uma menina de três palmos. Vociferou:

— Ou desistes de ir à gruta ou serás presa!

— Não deixarei de ir.

— Farei que morras na prisão!

Nesse momento, entrou a Irmã Superiora do colégio, aquela que mandara Bernadette parar com essas «coisas carnavalescas». Banhada em lágrimas, disse:

— Por favor, senhores, deixem a criança conosco, não a façam morrer!

O juiz disse a Jacomet:

— Deixemo-la ir... Não arrancaremos nada desta menina...

Bernadette saiu com a Superiora. E disse-lhe:

— Irei à gruta até a quinta-feira: será o último dia...

Havia nela uma força que a fazia superar tudo. Vigiada, cercada de todos os lados, pouco se lhe dava: não tinha medo...

Mas na terça-feira, para obedecer à Senhora, teve de enfrentar o homem que temia. Sim, mais que o comissário, procurador e juiz juntos, quem ela mais temia era o pároco de Lourdes, o padre Peyramale.

Era um homem na força da idade, atarracado, rude, de porte vigoroso e a cara enrugada e de contornos muito acentuados. Em Lourdes, dizia-se dele: «É muito mais respeitado do que estimado...» Até os padres auxiliares o temiam: nenhum deles se atrevera a desobedecer à sua ordem de não participar de qualquer modo dos acontecimentos relativos à gruta, mesmo como meros espectadores. Censuravam-no por isso, mas no fundo manifestavam prudência e espírito de fé: «Evitemos aparecer na gruta; se formos lá, acabarão por dizer que influímos em Bernadette; e se o assunto abortar, cairemos num imenso ridículo e a religião sairá prejudicada por nossa causa.

Se há algo de divino no caso, o Divino não precisará de nós para vencer...»

Bernadette já visitara o sr. pároco e relatara o encontro, imitando a voz ríspida e a forma de pestanejar do eclesiástico:

— Quem és tu? — dissera-lhe o pároco quando ela entrara no jardim onde caminhava rezando o breviário.

— Sou Bernadette Soubirous.

— Ah é? És tu? Contam umas histórias estranhas a teu respeito. Dizem que vês a Santíssima Virgem! Mentirosa! Não vês nada!

— Eu não disse que vejo a Santíssima Virgem, mas uma Senhora muito bela.

— O que foi que ela disse?

Bernadette repetira no dialeto local tudo o que a Senhora lhe dissera, desde o início das aparições.

— Não penses que me enganas! — bradara o padre —; é evidente que não vês nada, pois a Santíssima Virgem não fala em dialeto; no céu não se fala em dialeto!

E tinha-a despedido, formulando ameaças:

— Não quero mais ouvir falar de ti.

Ora, era diante desse homem que ela ia apresentar-se de novo. Devia ainda transmitir ao padre uma ordem daquela Senhora: «Vá dizer aos padres que façam construir aqui uma capela... Peça-lhes que venham aqui em procissão...»

Não tendo coragem para enfrentá-lo sozinha, Bernadette implorou à tia Basile que a acompanhasse.

Basile tinha ainda mais medo que Bernadette e explicou à sobrinha:

— Não te acompanharei a lugar nenhum! Fazes com que fiquemos doentes pelo desgosto de termos de ouvir toda a gente falar de ti! Pessoas que vão à gruta cochicham ao nosso ouvido comentários desagradáveis: «Ela não vê nada... Fazem isso por dinheiro!»

— Aquela Senhora quer que eu vá encontrar-me com o sr. pároco! É o que ela quer!

Quando Bernadette pedia algum coisa que era para a sua Senhora, era melhor ceder logo. E tia e sobrinha partiram juntas ao encontro do pároco.

O sr. pároco não estava nos seus melhores dias. Intimidada, a menina lançou-se a falar-lhe como quem se lança ao rio sem saber nadar:

— A Senhora quer que se faça uma procissão à gruta.

O padre quase a fuzilou com o olhar:

— Mentirosa! Com que direito queres que façamos uma procissão para essa senhora?

E pôs-se a caminhar de um lado para o outro da sala, encolerizado, enquanto dizia: «Que desgraça ter uma família como a tua, capaz de pôr em polvorosa uma cidade, fazendo-a correr atrás de ti!»

Uma imensa multidão seguira Bernadette e se detivera em frente do presbitério – o que não facilitava muito as coisas.

O pároco voltou à carga:

— Faremos coisa melhor! Dar-te-emos uma tocha! Como todos te seguem, farás a tua procissão! Não precisas de padres!

— Eu não digo nada a ninguém – defendeu-se Bernadette –, e não peço a ninguém que me acompanhe!

O pároco dirigiu-se a Basile Castérot:

– Retenham-na em casa, não a deixem assomar o nariz lá fora!

Depois disse a Bernadette:

– Tu não vês coisa nenhuma! Uma senhora não pode aparecer num buraco! Nem sequer me dizes como se chama! Vão-te prender! Se queres que eu te escute, pergunta à tua senhora o nome!

– Eu pergunto-lhe, mas ela põe-se a rir...

«Ouvindo as palavras do senhor pároco, sentimo-nos como grãos de milho – contaria Basile. Bernadette temia-o: toda "enrolada" na sua capucha, nem se mexia...»

Subitamente, com a sua voz grave, o padre Peyramale lançou a pergunta decisiva:

– Estás bem certa de que essa senhora pediu uma procissão na próxima quinta-feira?

Bernadette foi apanhada de improviso; a senhora não fixara nenhum dia. Hesitante, respondeu:

– Acho..., acho que sim...

O pároco explodiu:

– Portanto, não tens certeza!

Mandou embora a menina, renovando as ameaças.

Mas Bernadette, na sua perturbação, transmitira apenas metade da mensagem. Esquecera-se de falar da capela! Tinha de voltar à presença do pároco!

Chegando ao casebre, pôs-se a repetir: «É necessário que eu volte lá! É necessário que eu volte lá...»

Desta vez, a tia negou-se a acompanhá-la. Dominiquette Cazenave pôs-se em campo. Procurou o pároco e pediu-lhe que tornasse a receber a menina. Delicadamente, perguntou-lhe em que momento do dia isso lhe agradaria mais; ou, para exprimi-lo melhor, em que momento lhe desagradaria menos... O encontro ficou marcado para as sete da noite.

Quando entraram, o pároco estava acompanhado dos seus três coadjutores.

Bernadette foi ao ponto, sem nenhum preâmbulo:

— A Senhora vestida de branco mandou-me dizer aos padres que quer que se construa uma capela na gruta...

E acrescentou, para prevenir a explosão do pároco:

— Ainda que seja bem pequena...

— Uma capela? É como a procissão? Estás segura do que dizes?

— Sim, sr. pároco. Estou segura.

— Se a senhora que vês fizer um milagre, verei o que posso fazer! Diz-lhe que faça florir a roseira[2] do rochedo onde aparece! E pergunta-lhe como se chama!

— Já lhe perguntei, mas ela limita-se a sorrir.

— Ela troça de ti! Pergunta-lhe o nome, e, quando o soubermos, construiremos essa capela, que não será pequena, mas bem grande!

Sob o seu exterior de rudeza, o padre Peyramale estava comovido vendo a «garotinha» vencer tão bravamente o medo. A menina subia na sua estima.

Tão logo saiu, Bernadette envolveu Dominiquette no seu abraço:

---

(2) A roseira não veio a florir — era inverno —, e o pároco não teve o seu desejo atendido. François Trochu explica-o assim: «Mesmo que num dia de inverno a roseira brava florisse por um súbito milagre, isso não podia demonstrar que o ser misterioso — que fizera brotar a nascente de Massabielle através de obstáculos intransponíveis — não seria capaz de novos e maiores prodígios». (N. E.)

– Estou contente! Cumpri a ordem!
– Se queres mesmo que se construa a capela, não deixes de perguntar o nome à tua Senhora...
– Sim – disse Bernadette –, espero lembrar-me...

Quarta-feira, 3 de março, e quinta-feira, 4 de março

Na quarta-feira, 3 de março, havia perto de três mil pessoas em torno da gruta: muitos haviam pernoitado ali. Os jornais locais mencionavam as aparições de Massabielle, e algumas pessoas tinham vindo de longe.

Mas a Senhora não se fez ver. Bernadette rezou o terço e depois, com os olhos cheios de lágrimas, retornou a Lourdes. Dizia:

– Não quero voltar lá! Ela não me apareceu porque há gente demais!

Em casa, encostada na cama, cobriu o rosto com as mãos e permaneceu mergulhada em tristeza. Ninguém conseguia consolá-la. Balançava a cabeça, como se quisesse sacudir os pensamentos que a assaltavam:

– Que foi que eu lhe fiz? Será que está zangada comigo?

Mas perto das nove horas lançou-se em direção à gruta, como se alguém a chamasse... A Senhora estava lá. Desta vez, não era Bernadette que a esperava, mas a Senhora que esperava Bernadette...

Nessa noite, quando a prima Jeanne-Marie Védère chegou de Momères, ainda se comentavam os acontecimentos. Bernadette não estava em casa; a pobrezinha voltara a procurar o pároco. Quando retornou, Jeanne-Marie perguntou-lhe:

– Então, a Senhora veio buscar-te em casa?

Bernadette riu com gosto:

– Não... Foi um súbito desejo que tive de vê-la.

Contou-lhe que depois fora ter novamente com o pároco e lhe transmitira a resposta dada pela Senhora.

– Disse-lhe que a Senhora sorriu quando lhe mencionei o desejo do padre de que Ela fizesse florir a roseira; e que insistiu em ter a sua capela. Então, ele pôs-se a resmungar: «Capela! Por acaso tens dinheiro para construí-la? – Não, sr. pároco... – Eu menos ainda! Diz à Senhora que to arrume!»

Jeanne-Marie Védère, que viera para estar presente no momento da décima quinta aparição, passou a noite na casa dos Soubirous, enquanto milhares de peregrinos a passavam o relento.

Tinha corrido o rumor de que a Santíssima Virgem apareceria no décimo quinto dia e que todos a veriam. Mais de cem homens e mulheres de Saint-Pé se tinham posto a caminho, e outros tantos de Ségus, de Adé, de Omex, de Ossen... Aldeias inteiras se tinham esvaziado, salvo alguns anciãos e duas ou três mulheres que tinham ficado para tomar conta dos filhos, alguns muito pequenos para caminhar, outros já meio grandinhos para serem levados ao colo.

No percurso, rezavam a Deus e a Maria, cantavam, rezavam o terço, o *Magnificat*, num elã do coração que aniquilava a fadiga. «A noite estava serena, as estrelas refulgiam, e nós dávamos glória a Nossa Senhora...», disse um dos peregrinos, precursor dos milhões de peregrinos futuros.

Ao alvorecer, já havia vinte mil pessoas em torno das margens do Gave e diante da gruta: homens, mulheres, camponeses, trabalhadores braçais, soldados. Viam-se também senhores importantes, acompanhados da respectiva esposa e domésticas.

Falava-se, mas pouco: a multidão estava recolhida.

Já amanhecera quando se ouviu um burburinho de vozes. Todas as cabeças, todos os olhares se dirigiram para o mesmo lado, e todos os homens se descobriram: era Bernadette que chegava...

Regressando a casa, Jeanne-Marie Adrian, professora primária em Gavarnie, escreveu o seguinte relato:

«Quando Bernadette ajoelhou, todos se puseram de joelhos. Jamais esquecerei a reação interna de temor e as palpitações que senti à vista dessa menina que segurava numa mão o terço e na outra uma vela, mantendo sempre os olhos voltados para a rocha. Mal começou a rezar, o seu rosto e e as suas mãos ficaram da cor de cera. Foi então que lhe apareceu a Visão sobrenatural. A menina saudou-a por três vezes, com um sorriso que encantou todas as pessoas que se achavam ao lado dela.

«Por duas vezes, a menina foi falar à Visão no interior da gruta, sempre com a vela na mão. Rezou o terço inteiro, com os olhos fixos na rocha, enquanto todos os presentes o rezavam cada um por sua conta, com grande recolhimento.

«Notei com alegria a presença do comissário de polícia Jacomet, que rezava de joelhos. Estava a quatro passos de Bernadette e registrava numa caderneta as mudanças que, de quando em quando, se operavam na fisionomia da menina. Ora era um sorriso; ora uma expressão serena, pensativa, sem nenhum movimento. Mais tarde, quando fui informada de que o comissário procurara impedir as pessoas de ir à gruta, pensei que agira contra a sua consciência, pois pensava o contrário no fundo do coração. Realmente, era impossível ver Bernadette em êxtase sem tirar a conclusão de que se estava na presença de um ser sobrenatural.

«Assim que voltou a si do êxtase e terminou a sua conversa com a Visão, Bernadette retirou-se da gruta. Acompanhei-a de volta para casa com grande número de pessoas, e tive o prazer de abraçá-la com todo o ímpeto do meu coração. Ó, meu Deus! Como será grande a felicidade que experimentaremos quando nos for dado contemplar Jesus e Maria, cara a cara, na glória eterna, se me deu tanta alegria abraçar Bernadette!»

Uma multidão seguira a menina. Alguns queriam tocá-la. Ela dizia-lhes:

– Por que quereis tocar-me? Eu não tenho poder nenhum!

Estava exausta com todas aquelas demonstrações de afeto. Era dia de feira e os vendedores de ovos ou galinhas, vindos das redondezas, não queriam ir-se embora sem «tocar» em Bernadette.

Foi examinada por três médicos vindos de Bordeaux. Jeanne-Marie Védère ouviu-os dizer, ao partirem, que a menina era normal. Ao mesmo tempo, porém, aconselharam François Soubirous a deixar o tugúrio, se queria que os filhos continuassem vivos...

Restava a provação que se tornara cotidiana: visitar o pároco. Era preciso dizer-lhe que, nesse último encontro com a Senhora, esta não tinha dito o seu nome...

O padre Peyramale recebeu Bernadette menos rudemente:

— Se eu soubesse que é a Santíssima Virgem, faria tudo como ela deseja, mas como não sei ao certo, não posso fazer nada. Ela não te mandou voltar?

— Não, sr. pároco.

— Disse-te que não voltaria mais?

— Não.

— Se voltar a aparecer, não te esqueças de perguntar-lhe o nome.

Anoitecia nesse 4 de março que dera tantas preocupações às autoridades civis e religiosas.

O comissário Jacomet guardou na gaveta da sua escrivaninha a caderneta de anotações, esperando não ter de usá-la mais. O vice-prefeito de Argelès passou um certificado de boa conduta ao clero de Lourdes, numa carta endereçada ao prefeito de Tarbes, seu superior hierárquico: «[O clero] deu provas de uma prudência e de uma cautela que em nenhum momento foram desmentidas».

Bernadette deitou-se depressa, sem intenção de levantar-se cedo no dia seguinte. E os peregrinos voltaram para suas casas. Mas os que haviam feito um longo trajeto, na esperança de ver a Virgem, não estavam decepcionados: tinham visto o seu sorriso e a sua luz refletidos no semblante de uma menina, e, no caminho de volta, entoavam o *Magnificat* e outras preces e cânticos com o mesmo fervor com que o tinham feito à ida.

Uma gravura contemporânea de uma das aparições.

O Anúncio feito a Bernadette

Minha pomba, oculta nas fendas do rochedo, mostra-me o teu rosto, faz-me ouvir a tua voz, a mim que ouço a tua...
Cântico dos Cânticos 2, 14

Bernadette não voltou à gruta; mas o comissário Jacomet, contrariamente à sua esperança, não recobrou a paz. Em 24 de março, esboça em carta ao prefeito o quadro das suas tribulações:

«[...] A gruta transformou-se hoje em verdadeiro altar: Cristo, estampas emolduradas, gravuras, fitas com a efígie da Virgem, musgo, folhagens, flores naturais e artificiais... Nada falta, nem mesmo uma cesta grande para receber e incentivar as oferendas. A iluminação é deslumbrante: no domingo passado, dezenove velas cintilavam ao mesmo tempo...

«Desde o último domingo, 21 de março, sete pessoas arrecadaram na gruta 31,90 francos. Desse total, 18,90 foram entregues ao pároco, 1,50 ao coadjutor Serres; 1,55 ao padre Pomian, capelão da escola do asilo e da prisão.

«Ontem à noite, com a presença de uma multidão que se pode calcular em torno de seiscentas pessoas, instalou-se ali um nicho, ornamentado com musgo e flores, em cujo interior se colocou uma Virgem de gesso.

«Apesar da grande afluência, e a essas horas da noite, não se verificou nenhuma desordem...

«[...] A fonte – à qual se atribuem curas milagrosas –, estava rodeada de pessoas de boa saúde que iam ali recolher água, bem como de pessoas doentes, de todas as idades e de ambos os sexos, a quem se lavava e friccionava. É escusado dizer que, até o presente, ninguém pôde comprovar o menor efeito favorável produzido por essa água sobre os doentes...

«[...] É um vaivém contínuo; vimos várias viaturas de Tarbes e de Pau que traziam pessoas exclusivamente para visitar a gruta.

«A visionária parece alheia a esse movimento: não voltou à gruta desde o dia 4 de março!»

Influíram nesse «movimento» alguns órgãos da imprensa regional como O *Lavedan*, de Lourdes, o *Mémorial des Pyrénées*, de Pau, o *Ere impériale*, de Tarbes.

Tanto mais que se começava a falar em curas. Examinadas, não eram curas completas nem duradouras. Mas o prefeito Lacadé começava também a ter visões: antevia Lourdes, transformada em estação termal, disputar a supremacia com Bagnères e Cauterets, e submetia a análise a água que brotara da fonte milagrosa...

Não, Bernadette não retornou à gruta: voltou a ser aquela simples aluna, cujas caminhadas se limitavam a ir ao colégio e voltar de lá ao fim da tarde. Os Soubirous e os Castérot respiraram.

Porém, no dia 24 de março, ao deitar-se cedo para se recuperar de um forte resfriado, Bernadette despertou no início da noite. Seus pais ainda não se haviam deitado, e ela disse-lhes que alguma coisa a tinha feito acordar; o dia seguinte era a festa da Anunciação, e ela devia ir a Massabielle.

Louise reiterou as queixas habituais:

– Pobres de nós! Vais piorar de saúde! Vais agitar ainda mais as pessoas!

Com o auxílio de Deus, a menina tinha a arte de persuadir pai e mãe. Resignaram-se a pedir a Lucile Castérot que a acompanhasse, por volta das cinco da manhã. François só se fizera presente nas últimas aparições e, tímido como sempre, temia mostrar-se.

Mais ou menos às quatro da manhã, Bernadette partiu. A sua tia não soube refrear a língua e umas sombras seguiram a menina e Lucile a caminho de Massabielle.

Mal a menina concluiu a primeira dezena do terço, a Senhora apareceu-lhe, sorridente, e fez-lhe sinal de que se aproximasse. Bernadette ficou bem perto da sua Senhorita e transmitiu-lhe o pedido do pároco:

– Senhora, teria a bondade de me dizer quem é?

A Aparição sorriu e não respondeu.

A menina repetiu a pergunta duas vezes. Anos mais tarde, Bernadette diria que Nossa Senhora quis sem dúvida puni-la pela sua insistência, mostrando-se por sua vez um pouco obstinada...

À terceira vez, porém, a Senhora, que estava com as mãos abertas, juntou-as à altura do peito e disse:

– Eu sou a Imaculada Conceição. Desejo uma capela aqui...

Depois disso, sempre sorridente, desapareceu.

Bernadette readquiriu a sua cor natural. E pediu a Lucile permissão para deixar na gruta a vela que tinha na mão. Acendeu-a e fixou-a no chão.

No caminho de volta, Lucile disse-lhe que se surpreendera com esse pedido. A menina respondeu-lhe:

– A Senhora pediu-me que deixasse a vela acesa na gruta. Ora, a vela estava contigo, e eu não podia, pois, deixá-la lá sem a tua permissão...

«A Imaculada Conceição... A Imaculada Conceição... A Imaculada Conceição...»

Ao longo do caminho de volta, Bernadette foi repetindo num murmúrio essas palavras que lhe eram desconhecidas. Que a sua má memória as retivesse! A moleira de Savy percebeu na menina uma fisionomia tão radiante que lhe perguntou:

– Sabes alguma coisa?

– Não diga nada a ninguém, mas a Senhora disse-me o seu nome. Disse-me: «Eu sou a Imaculada Conceição...»

E acompanhada pela tia Basile, com quem cruzou no caminho, correu à casa do pároco.

Assim que o viu, sem mesmo dizer-lhe bom dia, proclamou:

– Eu sou a Imaculada Conceição!

– Que é isso que dizes, menina atrevida?

– Foi a Senhora que me disse essas palavras...

O padre fingiu troçar dela:

– A tua Senhora não pode ter esse nome! Estás me enganando! Sabes por acaso o que significa Imaculada Conceição?[1]

– Não sei. Foi por isso que vim repetindo essas palavras por todo o caminho, para não as esquecer...

O padre Peyramale despediu-a para esconder melhor a sua perturbação. Estava tão transtornado que cambaleava... Tinham-se passado menos de quatro anos desde a

---

(1) Depois de um longo exórdio, em que recolhia a traços largos a antiga Tradição no seio da Igreja e referia os estudos da Comissão preparatória nomeada *ad hoc*, o Papa Pio IX publicava em 8 de dezembro de 1854 a Bula *Ineffabilis Deus*, pela qual declarava, pronunciava e definia, «com a autoridade de Nosso Senhor Jesus Cristo, dos bem-aventurados Apóstolos Pedro e Paulo, e com a Nossa», o dogma da Imaculada Conceição da Virgem Maria:

«A doutrina que sustenta que a beatíssima Virgem Maria, no primeiro instante da sua conceição, por singular graça e privilégio de Deus onipotente, em vista dos méritos de Jesus Cristo, Salvador do gênero humano, foi preservada imune de toda a mancha de pecado original, é doutrina revelada por Deus e por isso deve ser crida firme e inviolavelmente por todos os fiéis».

Nas palavras prévias desse documento, o Santo Padre assinalava, referindo-se aos Padres da Igreja e aos escritores eclesiásticos das primeiras eras: «Falando da conceição da Virgem, eles atestaram que a natureza cedeu ante a graça: parou trêmula e não ousou avançar [...]. Professaram que a carne da Virgem, se bem que derivada de Adão, não lhe contraiu as manchas; que por isso a beatíssima Virgem foi aquele tabernáculo construído por Deus, formado pelo Espírito Santo [...]. Com efeito, não era conveniente que aquele vaso de eleição fosse ofuscado pelo defeito que ofusca os outros, porque foi diferentíssimo dos outros, e, se com eles teve de comum a natureza, não teve de comum a culpa; antes convinha que o Unigênito, assim como teve nos céus um Pai exaltado pelos Serafins como três vezes santo, assim também tivesse na terra uma Mãe à qual nunca faltasse o esplendor da santidade. [...] Chamavam-lhe frequentissimamente Imaculada, em tudo e por tudo Imaculada; [...] espelho de inocência, ilibada em todos os sentidos [...], a toda pura e toda intacta [...], a puríssima de alma e corpo, que ultrapassou toda a integridade e toda a virgindade; a única que se tornou a sede de todas as graças do Espírito Santo e que só foi inferior a Deus». (N. E.)

proclamação do dogma, em que ainda hoje muitos cristãos não sabem o que realmente significa, confundindo-o com a conceição virginal do Verbo no seio da Maria por obra do Espírito Santo. Vê-se, pois, que a verdade de fé contida nesse dogma e na expressão com que a Virgem se deu a conhecer não podia ser do conhecimento de Bernadette, que mal sabia o catecismo.

A notícia espalhou-se por Lourdes como um rastilho de pólvora: «A Senhora disse como se chamava! É mesmo a Santíssima Virgem! Ela disse: "Eu sou a Imaculada Conceição!"»

Isso deu-se no dia 25 de março, data em que a Igreja, com o seu sublime realismo, celebra a Anunciação nove meses antes do Natal...

Bernadette ouvirá mais duas vezes a ordem interior que a fazia correr ao encontro do suave odor dos perfumes da Bem-Amada: no dia 7 de abril (vinte e uma velas tremulavam diante da gruta nesse dia, calculou Jacomet) e, por fim, no dia 16 de julho.

A Senhora Imaculada não pronunciará mais nenhuma palavra: ficará de pé diante da menina, com um sorriso e graça radiantes.

A menina e a sua Mãe entreolharam-se com o fervor das ternuras humanas sublimadas pelo divino.

«Mãe amável... Causa da nossa alegria...»

Em julho, a gruta foi interditada e cercada de barricadas. Mas no dia 16, obedecendo ao irresistível chamado, Bernadette foi ajoelhar-se na relva do prado para além do Gave.

«Virgem poderosa... Virgem clemente...»

De repente, as suas mãos juntas separaram-se, como que para exprimir surpresa, e o seu semblante ficou branco, transparente: a Santíssima Virgem, cercada de raios, derrubava as barreiras. Jamais Bernadette vira a Senhora tão bela.

«Mãe admirável... Porta do céu...»

Era a festa de Nossa Senhora do Carmo, dia em que o Evangelho evoca a suprema herança da Cruz: «Então, Jesus, tendo visto a sua Mãe, e junto dela o discípulo que Ele amava, disse à sua Mãe: "Mulher, eis o teu filho". Em seguida, disse ao discípulo: "Eis a tua Mãe"».

Tudo estava concluído. Maria não tornaria a aparecer a Bernadette.

*BERNADETTE
EM NEVERS*

Bernadette em 1863.

P. P. Bernadette

Jorrarão águas no deserto, e torrentes na solidão...

Isaías 35, 6

Bernadette voltou a ser uma menina comum.
Não totalmente. Após a imprensa regional, os grandes jornais de Paris – *l'Univers, la Presse, le Siècle, le Journal des Débats, le Constitutionnel, le Pays* etc. – fazem eco (a favor e contra...) dos acontecimentos de Lourdes, dos gestos e atitudes da vidente.
Bernadette passa a ser a figura mais importunada e questionada, aquela que todos querem ver e mostrar; aquela a quem se levam crianças para receberem carinho e doentes para serem tocados por ela com a ponta dos dedos. Para onde quer que vá, a multidão aglomera-se à sua volta e grita: «Viva Bernadette, viva a santa!...» E a polícia intervém para impedir que a adolescente seja sufocada pelo fervor dos devotos. Nas gravuras que lhe pedem para assinar, escreve «p. p. Bernadette», *priez pour Bernadette*, rezai por Bernadette. E, como gosta de ser afetuosamente

implicante, e os outros gostam de implicar com os implicantes, as suas colegas de classe chama-na afetuosamente Pêpê Bernadette...

Na escola, quando as Irmãs a fazem sentar-se no primeiro banco, não é por ela ser a primeira aluna, mas para que possa ir ao locutório sem incomodar as demais.

Ora, chamam-na ao locutório o dia inteiro. Às vezes, nota-se nela um pouco de impaciência quando o sino toca e ela tem de ir repetir aos peregrinos, pela milésima vez, o relato das suas visões. De quando em quando, suspira: «Como me incomodam!...»

Mas atende a todos de boa vontade, e todos saem com a lembrança do seu olhar sincero e do seu belo sorriso. Mesmo quando se incomoda com as tolices ou indiscrições de um visitante, o tom suave da sua voz atenua a severidade da réplica.

A um incrédulo que põe em dúvida o que ela viu, diz-lhe:

— Não estou encarregada de fazê-lo acreditar; estou encarregada de dizer o que se passou...

Alguém diz-lhe:

— Será que a Santíssima Virgem a tomou por um animal quando a fez comer erva?

E Bernadette replica:

— É o que você pensa de si mesma quando come uma salada?

Um caixeiro-viajante desembrulha diante dela as suas mercadorias e pergunta-lhe:

— O vestido e a faixa azul do cinto da Aparição eram de um tecido melhor do que este?

— Ó, meu senhor — responde Bernadette —, a Santíssima Virgem não foi vestir-se na sua loja!

Aos que lhe pedem uma medalha ou um terço, diz:

— Não sou comerciante!...

Com muito tato, recusa-se a qualquer gesto impróprio. A uma mulher que se ajoelhou diante dela, diz:

— Levante-se! Não vê que eu não tenho estola para abençoá-la?

Aos que desejam cortar algumas mechas do seu cabelo ou um pedaço do seu vestido, opõe-se firmemente e murmura: «Que tolice! São uns imbecis!»

Aprende o francês, mas ainda comete erros. Diz, por exemplo: «Nossa Senhora, eu vi *ela* com os meus próprios olhos...»

Sucessivamente, o almirante Bruhat, tutor do príncipe, o redator-chefe de *l'Univers*, Louis Veuillot, e D. Thibault, bispo de Montpellier — para falarmos apenas de algumas das figuras mais representativas da época —, submeterão a jovem a longas entrevistas. Interrogam-na em Tarbes, nas prefeituras, nos bispados, nos conventos, nas escolas, em toda parte e sempre... Tanto mais que a água de Lourdes começa a fazer milagres retumbantes.

Confusão: uma massa de meninos e meninas vangloria-se de também ter visto a Santíssima Virgem, e as contorsões extáticas a que se entregam revoltam a gente...

A certa altura, propala-se que Bernadette também faz milagres, e o procurador intervém. Convoca Bernadette, que desta vez comparece acompanhada pela mãe. Deixa-as de pé. Passando pela sala, a sra. Dutour comove-se ao ver essa criança pálida e essa mulher, e oferece-lhes uma cadeira.

– Não – replica Bernadette –, iríamos sujá-las!

Cego de cólera e transtornado, o procurador não consegue nem mesmo encontrar o tinteiro que está à sua frente. Fala-lhes de polícia, de cadeia. A pobre Louise soluça à saída. A filha reconforta-a:

– Mamãe, por que chorar? Nós não fizemos mal a ninguém.

Aos trinta e cinco anos de idade, Louise, adoentada, já é uma idosa precoce. Não obstante a sua fé profunda, mostra-se sempre inquieta pela sua Bernadette. Ninguém melhor do que ela sabe que, para os pobres, a única perspectiva é o sofrimento...

Uma lufada de loucura passa por Lourdes... Já é hora de esclarecer as coisas. No dia 28 de julho, o bispo de Tarbes constitui na sua diocese uma comissão encarregada de verificar a autenticidade do que se conta ter ocorrido em Massabielle.

Por ordem da prefeitura, a gruta continua interditada. O acesso ao local só voltará a ser permitido em setembro, por decisão do imperador.

A comissão episcopal, como se pode imaginar, interrogará Bernadette longamente. As conclusões a que chega só virão a público em fevereiro de 1862.

O ditame começa assim: «Bertrand-Sévère Laurence, pela misericórdia divina e graça da Santa Sé Apostólica, Bispo de Tarbes...

«Ao clero e aos fiéis da nossa diocese, saudação e bênção em Nosso Senhor Jesus Cristo.»

Seguem-se longas páginas de análise do ocorrido, e, por fim, esta declaração solene:

«Artigo primeiro: nós proclamamos que a Imaculada Maria, Mãe de Deus, realmente apareceu a Bernadette Soubirous em 11 de fevereiro de 1858 e nos dias seguintes, num total de dezoito vezes, na gruta de Massabielle, perto da vila de Lourdes; que essa aparição se reveste de todas as características da verdade, e que os fiéis têm motivo para considerá-la certa...

«Art. 2. – Autorizamos na nossa diocese o culto a Nossa Senhora da gruta de Lourdes...

«Art. 3. – Para nos conformarmos com a vontade da Santíssima Virgem, diversas vezes manifestada por ocasião das aparições, resolvemos construir um santuário no terreno da gruta que se tornou propriedade do bispado de Tarbes...»

Foi um *aleluia!* em toda a França, em todos os corações fiéis, prelúdio do despertar de uma imensa esperança no mundo inteiro.

Talvez uma das mais emocionantes mensagens de alegria dirigidas a «Nossa Senhora da gruta de Lourdes» tenha sido a de Pierre Dupont, propagador da devoção à Santa Face, cujos laços com certa família Martin, de Alençon, são pouco conhecidos, mas reais... Ora, no seio dessa família Martin, viria a nascer uma menina chamada Teresa, que, ao professar como religiosa, tomaria o nome de Teresa do Menino Jesus e da Sagrada Face...

Pierre Dupont, que era chamado «o santo homem de Tours», escreveu:

«Em La Salette, Maria chora; em Lourdes, sorri. Em La Salette, traz sobre as vestes as insígnias da Paixão; em Lourdes, não se pode considerar vestimenta de alegria a sua vestimenta branca? Em La Salette, houve ameaças terríveis: numa palavra, *flagelos*, conforme Pio IX captou no segredo das crianças; em Lourdes, a recomendação é rezar pelos pecadores. Ora, semelhante recomendação implica o reconhecimento de que Deus nos quer perdoar...

«Em La Salette, Maria esconde as mãos. Em Lourdes, deixa vê-las, levanta-as e coloca-as à altura do coração: ora, as mãos têm o sentido de liberalidade. Hoje, portanto, Maria quer dar, e Ela é assaz rica para dar generosamente. Hoje, pede um santuário... E este último traço deve inspirar uma singular confiança em nós, que não pensamos em construir, mas em demolir. Voltou o tempo de construir...

«Bendita seja Maria, que parece ter obtido, graças às suas advertências maternais, a conversão de um considerável número de almas e a cooperação de uma quantidade suficiente de justos para afastar a cólera de Deus!»

Do asilo, daquele asilo de paz onde ela encontrou refúgio, Bernadette ignora – ou quer ignorar – todas as dissensões e rivalidades que as obras prometidas suscitam e que fazem o padre Peyramale sofrer muito.

Se o sacerdote intervém quando o escultor Fabisch assume o encargo de esculpir a estátua de Nossa Senhora de Lourdes, é porque lhe parece indispensável obter de Bernadette indicações precisas e a sua opinião sobre o seu trabalho.

O artista dissera a Bernadette: «Quero que, ao vê-la, possas dizer-me: "É Ela!"...»

Quando lhe mostram a estátua terminada, Bernadette comenta com delicadeza: «É bem bonita...» Mas, porque é sincera e porque reluz no seu coração e na sua memória a imagem celeste, acrescenta: «mas não é Ela... Oh! não, a diferença é como a que há entre a terra e o céu!...»

Acamados, nem ela nem o padre Peyramale puderam assistir à inauguração da imagem. Talvez Bernadette já tivesse em mente o que diria mais tarde, quando visse de longe desenrolarem-se as grandes solenidades da gruta: «O que eu vi era mais belo...» Tão belo que daí em diante nenhuma representação por mão dos homens poderia encantá-la.

Deseja ingressar num convento. Portadora dos seus três segredos, só pode viver numa casa de Deus, onde as multidões de Lourdes não poderão persegui-la. Logo que se soube da sua resolução, mais de uma congregação religiosa tentou atraí-la: entre outras, as Irmãs de São Vicente de Paulo e as de São Paulo da Cruz.

As Irmãs da escola do asilo – a quem a jovem ama com ternura – pertencem à Congregação das Irmãs da Caridade de Nevers. Por prudência, Bernadette não ousa pedir-lhes que a recebam (a sua má saúde parece-lhe o principal obstáculo). Por sua vez, também por prudência, as Irmãs não ousam convidá-la. O bispo de Nevers, mons. Forcade, passará por cima de todas essas prevenções: por mais asmática que seja, Bernadette será recebida na casa-mãe de Nevers.

Só uma coisa a aflige: abandonar os pais, que, graças aos desvelos do padre Peyramale, agora se acham instalados no moinho Lacade. A fim de persuadi-los, o padre serve-se sem dúvida dos mesmos argumentos que utilizou para convencer o pai de Léontine Moret a deixar a filha partir juntamente com Bernadette: «Seja generoso com Deus: o senhor faria os maiores sacrifícios para entregar a sua filha em casamento a um desconhecido, que talvez não a fizesse feliz. Como pode então recusá-la ao Rei do céu e da terra? Oh! Isso não, meu senhor!»

Bernadette permanece em Lourdes até 1866, pois a sua asma piorou.. No decorrer desses dolorosos acessos, às vezes é preciso levá-la até uma janela aberta, para que possa respirar. Não poucas vezes suplica: «Abram-me a roupa do peito...»

Quem era Bernadette nessa época?

Aquela jovem que sempre desejara que se mostrassem os santos tal como eram deixou um documento de valor inestimável: duas cartas dirigidas de Lourdes ao padre Bonin, da diocese de Poitiers, nas quais estão presentes a sua vivacidade de expressão e de coração, uma ponta de fina esperteza, um caloroso fervor pelos padres e pelo sacerdócio, um acendrado amor a Maria. Reflete-se nelas a sua vida mais cotidiana. Mais ainda, parece-nos ouvir o timbre da sua voz. Até os erros de ortografia têm uma graça inocente, canhestra, que não nos dá vontade de corrigir... Eis a segunda delas:

«Senhor Padre,

«Peço-lhe que me perdoe por ter demorado tanto em escrever-lhe; não pense que foi por indiferença, oh não, porque pensava nisso em cada momento, sobretudo porque, desde há algum tempo, tudo o que faço é receber os peregrinos da manhã até à noite; por isso aproveito este momento que tenho para escrever-lhe estas poucas linhas.

«Oh! Como eu seria feliz, Senhor Padre, se tivesse a felicidade de vê-lo aqui em Lourdes! Vou rezar para que Deus e a Santíssima Virgem lhe façam descobrir se convém que o senhor seja um eremita; eu desejaria muito fazer como o senhor, pois estou cansada de ver tanta gente; reze por mim, peço-lhe, para que Deus me leve a um lugar onde me faça entrar depressa no número das suas esposas, pois é esse o meu maior desejo, se bem que eu seja indigna.

«Não sei como agradecer-lhe por todas as bondades que o senhor tem comigo e sobretudo por lembrar-se de mim todos os dias no Santo Sacrifício da missa; assim como os meus pais, estou-lhe muito agradecida, Senhor Padre; eu também não esqueço o senhor nas minhas fracas orações [...].

«O senhor pede-me os nomes de toda a minha família; aqui vão, a começar pelo do meu pai: François, Louise, Marie, Jean-Marie, Augustin, Pierre e Jean. Não menciono o oitavo, pensando que o senhor não o esqueceu...

«Fiquei agradavelmente surpresa, Senhor Padre, quando abri a sua venerável carta e vi o seu amável retrato; não caibo em mim de alegria, pois olhei o retrato muitas vezes, desde que o recebi, mas que pena dever contentar-me com olhá-lo; enfim, não sei como manifestar-lhe o meu agradecimento e agradecer-lhe a bondade do envio. Continuo a rezar pela pessoa que o senhor me recomendou; tenha a bondade de lhe dizer que faça a caridade de oferecer um pouco dos seus sofrimentos ao Senhor por mim [...].

«Toda a minha família me encarrega de dizer ao senhor muitas coisas e se junta a mim para pedir que não se esqueça deles nas suas fervorosas preces.

«Termino os meus rabiscos desejando-lhe uma perfeita saúde. Peço-lhe, Senhor Padre, que aceite os sentimentos respeitosos da sua serva inteiramente devotada.

«Bernadette Soubirous
«Lourdes, 22 de agosto, 1864.»

Por fim, na primavera de 1866, foi decidida a partida para Nevers. Bernadette participou em maio da solenidade da inauguração da cripta. Passando pelo meio da cerrada massa de peregrinos – a nova linha Bordeaux-Lourdes trouxera-os aos milhares – e pela magnífica decoração das ruas, uma interminável procissão se dirigiu à gruta, entoando cânticos, e subiu a rampa de Massabielle.

«A procissão avançou pelo caminho que ziguezagueava pela encosta para vencer o declive abrupto. Os homens iam à frente e seguia-os uma longa fila de moças vestidas de branco que davam ao percurso o encanto de uma ondulação graciosa no meio do tracejado incerto da vegetação local...»

Bernadette era uma dessas «moças de branco» que traziam a fita azul das Filhas de Maria. Oculta no meio das vestes brancas, a multidão reconheceu-a: «Como é feliz! A linda santa!»

Era feliz. Tal como Maria tinha pedido, começava a construir-se uma igreja. E, defronte da gruta, perto da fonte, milhares de homens, mulheres e crianças cantavam ao longo do rio Gave um cântico novo ao Senhor, que por Maria fez maravilhas.

Uma religiosa como as outras

Esquece o teu povo e a casa de teu pai....
Salmo 44 (45), 10

Certo dia, Bernadette dirá a uma das suas Irmãs que, sob a desculpa de não perder o recolhimento interior, caminhava no claustro de olhos fechados: «Por que fechar os olhos quando os devemos ter abertos? Por pouco a senhora não cai...»

No decurso da viagem que a conduziu a Nevers, Bernadette não só abriu bem os olhos, mas os arregalou. Como era belo! E essa cidade de Bordeaux então!

«Peço que acredite que aproveitamos o tempo para passear bastante! Levaram-nos a visitar todas as casas [da congregação das Irmãs da Caridade]. Tenho o gosto de lhe dizer que a casa de Bordeaux não é como a de Lourdes, e que sobretudo a instituição imperial mais parece um palácio do que uma casa religiosa!»

Que outros lugares viram? A igreja do Carmo. E o Garonne, coberto de grandes barcas. E o Jardim das Plantas!

«Quero dizer-lhe que vimos uma coisa nova. Adivinhe o que foi. Peixes, vermelhos, pretos, brancos e cinzas. Foi o que encontrei de mais belo para ver: esses bichinhos nadarem na presença de uma multidão de meninos que os olhavam...»

Não muito mais velha que eles, em efervescência diante de um mundo pelo qual apenas passara antes de abandoná-lo para sempre, os seus olhos traquinas faiscavam de prazer num agradável rosto miúdo de mocinha.

Bernadette e Léontine Mouret fizeram o percurso em quatro dias, com duas paragens, uma em Bordeaux e outra em Périgueux. Acompanhava-as a Madre Alexandrina, superiora da escola do asilo de Lourdes.

No sábado à noite, por volta das dez e meia, o trem chegava à estação de Nevers soltando ruidosamente fumaradas de vapor, num grande estalido de ferragens. Na escuridão, luzinhas amarelas cintilavam como borboletas. Uma carruagem aguardava as viajantes, extenuadas pelo calor, com o rosto manchado de fuligem. E começou a subida em direção ao convento, uma subida tão íngreme que os cavalos perderam o fôlego. Também Bernadette ofegava com o cansaço da longa viagem. Tanto o animal como o corpo humano se sentem mal galgando uma encosta empinada. Mas naquele corpo que o registro civil identificava como Soubirous Bernarde-Marie, de 1,40 de altura e 22 anos de idade, havia uma alma que no batismo recebera o nome de Marie-Bernarde. Ora, essa alma tinha asas.

Quando a porta do convento se abriu diante dela, Bernadette divisou à claridade de uma luminária o claustro, imerso em penumbras, e o seu coração apertou-se.

Gravura do convento de Nevers, casa-mãe da Congregação das Irmãs da Caridade (1860).

Na manhã seguinte, porém, ao acordar, achou-se numa cama branca, em tudo semelhante às vinte outras camas do dormitório, de teto tão alto que lhe deu vertigem.

Léontine e ela irrigaram o domingo com as suas lágrimas. As companheiras sorriam:

– Chorem! Chorem! É sinal de uma boa vocação.

Houve também risos entre as postulantes. Foi quando apareceram a caixa de rapé e os grandes lenços coloridos, presente de despedida das Irmãs de Lourdes a Bernadette, acompanhados destes dizeres: «Para uma futura senhora de Nevers que aspira rapé como um senhor de idade!...» Naquela época, acreditava-se que o tabaco aliviava os asmáticos.

Quanto às religiosas professas, com quem Bernadette cruzou, eram sombras que passavam por ela de olhos baixos, por terem sido proibidas de lhe manifestar mais interesse ou curiosidade (ainda que piedosa...) do que por qualquer outra postulante. Mas reconheceram-na pelas fotografias dos jornais que a tinham feito conhecida de todos: «Humilde nos seus antecedentes sobrenaturais, simples e modesta, apesar de que tudo poderia ter concorrido para enchê-la de orgulho».

De início, ficou bastante isolada, bem desorientada. Ao receber uma carta da família, só a abria quando estava sozinha, sentindo-se incapaz de ler as delicadas palavras ditadas pelo pai e pela mãe a Toinette sem derramar uma torrente de lágrimas.

A Madre Marie-Thérèse Vauzou, mestra de noviças, dissera certa vez: «O dia em que eu puder ver os olhos que viram a Santíssima Virgem será o mais belo da minha vida!» Mas aquela a quem chamavam «a privilegiada de Maria» deveria ser igualmente privilegiada em Nevers? A Madre mestra de noviças discutiu a esse respeito com a Madre Josefina Imbert, superiora geral: era delicado e até perigoso dirigir uma alma que já recebera graças sobrenaturais, uma jovem que já alvoroçara multidões de dez, vinte mil pessoas. O caso de Mélanie, a vidente de La Salette, incitava à prudência, pois causara muito dissabores às congregações que a tinham acolhido e fora necessário transferi-la de convento para convento. Decidiu-se tratar Bernadette sem especiais atenções.

De feições comuns e espírito simples, mas chamada por um desígnio extraordinário a conviver com pessoas da sociedade, não correria a filha dos Soubirous o risco de se imaginar alguém muito importante? Ou de ter-se por santa, uma vez que lhe pediam constantemente que apusesse a sua assinatura em estampas, e além disso lhe atribuíam milagres?...

O dever espiritual da mestra de noviças era realmente guiá-la para a santidade, e a isso se aplicaria. Mas alguma coisa a impelia a manter a antiga pastora «no seu devido lugar», isto é, a fazê-la compreender que era de nascimento humilde, que não tinha conhecimentos nem educação, e nem mesmo ortografia. A essa tarefa se dedicaria igualmente a Madre.

Nos nossos dias, dificilmente podemos imaginar o que representou para uma jovem como a pequena Soubirous ser admitida em 1866 nas Irmãs da Caridade, conhecidas naquela altura como as «Damas de Nevers». Hoje em dia, toda a gente convive com toda a gente. Escola, profissões, tudo cria uma atmosfera de igualdade tanto nos costumes como em face da lei. Moças de boa família empregam-se como caixas ao mesmo tempo que uma filha do antigo porteiro da casa em que moram. E ninguém de origem modesta se vê impedido de ascender na escala social ou do poder.

No tempo de Bernadette, era diferente: o povo de um lado, e a burguesia e a aristocracia do outro; os pobres de um lado, e as pessoas abastadas ou ricas do outro. No colégio do asilo de Lourdes, as meninas pobres frequentavam a escola gratuita que funcionava numa ala do edifício, e, em outra ala, recebiam uma instrução especial e aulas de boa conduta as alunas cujos pais podiam pagar uma mensalidade de dois francos.

Mesmo na casa do Senhor não existia igualdade. Na igreja, os que possuíam propriedades tinham direito a um ou mais genuflexórios, revestidos de um orgulhoso veludo vermelho; às vezes, reservava-se um banco inteiro à família desses senhores, que assim se isolava do vulgo para ajoelhar-se na primeira fila diante do nosso Pai dos Céus. Que família de Lourdes, antes das aparições, teria admitido que a menina do casebre-calabouço se sentasse numa das «suas» cadeiras ou no «seu» banco? Comprava-se o céu por alguns tostões dados de esmola, mas mal se roçava com a ponta dos dedos os que a recebiam.

Naquele tempo, era totalmente impossível confundir uma «dama» bem vestida, de mãos enluvadas, chapéu e bonitos véus, com uma «mulher» de cabelos desalinhados ou cobertos com uma boina de algodão; de modo análogo, não havia como não perceber a diferença entre um «senhor» de casaca, com a corrente do relógio de ouro exibida sobre o ventre, e um «homem» de blusa.

Devido à sua progressiva decadência econômica, os Soubirous achavam-se relegados à condição dos que pertenciam ao que hoje chamaríamos subproletariado, ao passo que as Damas de Nevers procediam dos quadros da burguesia, e, em alguns casos, da aristocracia. Ora, numa época em que a pobreza era vista como um estigma, fora preciso que a Virgem tivesse aparecido a uma jovem Soubirous para que esta pudesse ser admitida num convento como o de Nevers. Ao escolher a sua privilegiada na classe não privilegiada, Nossa Senhora fizera uma revolução a seu modo.

Foi decidido que, para satisfazer a curiosidade – piedosa – da comunidade, Bernadette faria no domingo seguinte o relato das aparições, na grande sala das noviças. Com a sua desarmante simplicidade, a pequena contou brevissimamente o que tinha visto. Quando confessou a repugnância que sentira ao beber da água lamacenta, a Madre Alexandrina, que ainda não regressara a Lourdes, disse à superiora geral: «Por aí a senhora pode avaliar como era fraco o seu espírito de mortificação...» Mas o seu rosto iluminou-se quando Bernadette repetiu as palavras da Virgem: «Eu sou a Imaculada Conceição». E a Madre mestra de noviças cochichou emocionada: «Vede-a quando fala da Santíssima Virgem... O seu olhar é celestial...»

Mas a comunidade sabia que daí em diante Bernadette Soubirous seria proibida de falar dos acontecimentos de Lourdes, e que as demais não poderiam interrogá-la.

Como a presença da vidente começava a atrair ao convento um grande número de curiosos e devotos, o bispo decidiu que Bernadette não receberia ninguém; só se faria uma exceção no caso de personalidades ilustres e importantes. Em 29 de julho, dia em que recebeu o véu de noviça (a sua longa estada no colégio do asilo de Lourdes fora considerada um período de postulantado suficiente), Bernadette sussurrou a uma das suas colegas: «Eu vim aqui para me esconder».

A Madre mestra das noviças escolheu para ela o nome de Irmã Marie-Bernard, em honra de Maria e de São Bernardo, o santo devotíssimo da Virgem Maria.

O capelão do convento, padre Douce, deu-lhe um lema: ser uma religiosa como as outras.

«A minha ocupação é estar doente...»

Ela escreveu aos seus pais: «Cuidam de mim como se fosse um bebê».

Pouco depois de ter chegado ao convento, Bernadette caiu doente.

No dia em que por fim tomou assento no meio das noviças, a Madre Marie-Thérèse Vauzou recebeu-a com estas palavras:

— Muito bem! Entraremos agora no período de prova!

A noviça curvou a cerviz, como se estivesse sob o peso de um grande fardo:

— Atrevo-me a pedir-lhe, minha Madre, que não vá demasiado depressa...

Não que lhe faltasse coragem: já dera provas de uma rara intrepidez no decorrer dos vinte e dois anos da sua existência. Mas aquela menina que em Lourdes enfrentara sem desfalecer as altas autoridades civis e eclesiásticas, velejara em direção às Damas de Caridade de Nevers como que à busca de um porto de graça misericordiosa.

Com que ímpeto amou a mestra de noviças desde o primeiro momento! Nessa mulher de idade madura havia algo de atraente, e todas as palavras que lhe saíam da boca iam diretas ao coração de Bernadette. Por que então seria necessário que as dissesse com frequência num tom rude? A Madre Vauzou confessaria mais tarde: «Todas as vezes que tinha alguma coisa a dizer a Bernadette, era levada a dizê-lo com rispidez...» Nunca teve para a noviça uma palavra de encorajamento. Quantas vezes, obrigada pelo seu ofício de enfermeira a consultar a Madre, Bernadette recebeu uma resposta seca:

– Não é este o momento. Beije o chão e retire-se!

Era o que acontecia quase sempre quando no convento se falava de Lourdes: Bernadette era afastada dessas conversas. Mais ainda: a mestra de noviças comprazia-se em repreendê-la publicamente. Mas ela humilhava-se: «A Madre tem toda a razão, pois sou muito orgulhosa... Alguma coisa ferve dentro de mim quando não vejo o motivo de alguma repreensão... Mas não teríamos mérito nenhum se não nos dominássemos».

Ela dominava-se. Seria preciso que a reprimenda fosse muito forte para que se pudesse ler no seu rosto que sofria. Nestes casos, a mestra de noviças marcava um tento: «Ah! Atingimos esse amor-próprio!» Tinha a menina na conta de uma pessoa susceptível e queria puni-la, mas não levava em conta que a susceptibilidade é uma sensibilidade humilhada: a sensibilidade das pessoas pobres.

A Madre mestra de noviças tinha paixão pelas almas, mas com uma condição: que se entregassem às suas mãos por inteiro, para que as pudesse «trabalhar» à vontade.

Ora, era árduo «trabalhar» Bernadette. O que acontecia quando a Madre a interrogava sobre a sua alma? Não tirava dela nada a não ser os sinais de uma devoção comum, leituras piedosas ou orações jaculatórias quando uma crise de asma não lhe permitia ir além. Aos conselhos de paciência no sofrimento, respondia como diz toda a boa religiosa: «É bom para o céu». Quando dava a entender que vivia na presença contínua de Deus, era muito a custo que a mestra de noviças acreditava nela; chegaria a dizer: «Não compreendo que a Santíssima Virgem tenha aparecido a Bernadette. Há muitas outras tão delicadas como ela... Enfim!» Bernadette não se exprimia com o vocabulário da vida interior, e menos ainda no estilo piedoso da sua época. Nossa Senhora não lhe falara nessa linguagem, aliás nem mesmo lhe falara em francês, mas em *patois*. Fora por osmose que a instruíra, por uma osmose espiritual que a banhara da sua luz; inundara-a da sublime simplicidade do céu antes mesmo que ela soubesse o catecismo da diocese, as respectivas perguntas e as respostas. Fora Ela que a ensinara a rezar.

Mas também a instruíra para que mantivesse os lábios fechados a propósito dos três segredos. E a mestra de noviças, por mais que se esforçasse, nunca viria a descobrir *tudo* sobre Bernadette. Por mais que dissesse isto ou aquilo, nunca seria a primeira a desvendar o que se passava na alma da sua pupila.

Esse mistério por detrás do olhar franco da Irmã Marie-Bernard, essa zona de silêncio em torno da frágil menina ousada, o sinal de obstinação na sua fronte, a doce dignidade de guardiã de um segredo de Estado celeste que se manifestava nessa camponesa – tudo isso anulava os múltiplos esforços da Madre Marie-Thérèse e causava-lhe irritação. A sua tática de fina diplomacia no trato com as almas era posta em xeque por uma pastora! Fizera uso dos mais duros cinzéis para talhar esse granito dos Pireneus, mas sem êxito.

Na sua linguagem enérgica, a Madre dizia às suas filhas: «Trabalhai em escavar, minhas filhas, sem vos preocupardes com o que aparece: é Deus que se encarrega disso!» Ela própria se encarregou de «escavar» Bernadette.

Atingida por uma grave crise de asma, que em setembro se complicou com uma inflamação dos brônquios, a Irmã Marie-Bernard não teve direito a ser tratada com um pouco de doçura. Para cuidar dela, a Irmã enfermeira era auxiliada por Léontine Mouret, a jovem que viera de Lourdes a Nevers com Bernadette. Assim que a mestra de noviças se deu conta disso, tirou Léontine de lá.

– Estará doente? – perguntou a Irmã Marie-Bernard quando deixou de vê-la.

– Não. Foi a nossa Madre que a proibiu de ajudar-me a cuidar de ti.

– Ah! Compreendo...

A isso Bernadette chamava «açúcar»: descaso e humilhação.

Como piorava cada vez mais, a Madre-Mestra inquietou-se e a Madre-Superiora ordenou que as religiosas se revezassem noite e dia na capela para implorar do céu a cura da enferma; e as velas ficavam acesas aos molhos.

Em 25 de outubro, um ataque de extrema violência assustou as Damas de Nevers. Quando viram a Irmã Marie-Bernard arquejar como um peixe fora d'água, incapaz de mexer-se e de falar, ardendo em febre, passando da palidez para um vermelho intenso, um murmúrio angustiado sacudiu de alto a baixo o grande edifício: «Bernadette vai morrer!»

Iria ela passar desta vida sem fazer parte da Congregação? Ora, Bernadette estava plenamente consciente, e a Madre Superiora autorizou-a a pronunciar os votos.

Chamado com toda a urgência ao convento, o bispo, mons. Forcade, que começara a jantar, abandonou na mesa o prato de sopa fumegante, correu para junto da moribunda, que tinha ao lado uma bacia cheia de sangue, e pediu-lhe que pronunciasse a fórmula dos votos de professa. Ela balbuciou: «... não tenho forças...»

O próprio prelado pronunciou as palavras, e a enferma, reunindo todas as energias que lhe restavam, respondeu: «Assim seja».

Estranha doença, a asma: mal mons. Forcade saiu, Bernadette recuperou a fala. E dirigindo-se à Madre Vauzou, que se preparava para assisti-la na sua agonia, disse-lhe: «Não morrerei esta noite...»

As testemunhas afirmam que a Madre Superiora exclamou, num tom afetuosamente brincalhão:

– Como?! Sabias que não irias morrer esta noite, e não nos disseste nada? Por tua causa fizemos o sr. Bispo vir aqui a uma hora imprópria! Pusemos tudo de pernas para o ar por tua intenção! És uma tonta! Digo-te que, se não morreres amanhã cedo, tiro-te o véu de professa e mando-te de volta para o noviciado!

Passada a crise, no dia seguinte a Irmã Marie-Bernard agia como se nada houvesse acontecido. O rumor dos seus votos *in extremis* e da «ressurreição» que se lhe seguiu atraiu as noviças para junto do seu leito. Ela mostrou-lhes como se fossem troféus o seu véu de professa e o manual.

– Ladra! – implicou com ela a Irmã Charles.

– Ladra, de acordo. Mas – disse ela, enquanto estreitava nos braços o seu véu de estame – já o tenho e fico com ele, é meu. De agora em diante, pertenço à Congregação e não poderão mandar-me embora!

Teria a severidade da Madre Superiora e da Madre mestra de noviças despertado nela o temor de ser rejeitada? Desde que nascera, fora um peso para os pais à beira da da miséria; pela sua doença, fora um peso para o asilo de Lourdes, e nesse momento era um peso para as Irmãs da Caridade. Sempre, em toda parte, fora aquela «mais uma boca para alimentar...»

O próprio Deus não queria recebê-la naquele momento: «Caminhei até a soleira da porta, e o Senhor disse-me: "Vai-te embora, ainda é muito cedo"», murmurava ela.

Restariam mais treze anos para ser moída como grão de trigo e, asfixiada num corpo frágil cujos ossos se desgastavam, consagrar-se inteiramente ao trabalho de alquimia interna que transmuda o sofrimento em alegria.

Impotente neste mundo, exceto para ser o canal das águas vivas do Paraíso...

Isso lhe iriam confirmar no mesmo dia em que renovou a sua profissão feita *in extremis*.

Era costume que nesse dia se atribuísse a cada religiosa um serviço específico numa casa da Congregação: nenhuma delas deveria continuar na Casa central, mas passar para outra onde se dedicaria ao ensino ou seria enfermeira. Não foi o caso da Irmã Marie-Bernard, que, pelo seu estado de saúde, era incapaz de encarregar-se de qualquer serviço.

— Que fareis da Irmã Marie-Bernard? — perguntou mons. Forcade à Superiora.

Esboçou-se um sorriso nos lábios da Madre Joséphine Imbert. Respondeu sinceramente:

— Esta menina não é capaz de nada. Será um fardo para qualquer casa aonde a mandemos...

A «mais uma boca para alimentar» do casebre-calabouço ruborizou-se quando o bispo se voltou vivamente para ela:

— Dou-lhe o encargo de rezar!

Era o mesmo encargo que lhe dera Nossa Senhora. O prelado acrescentou:

— Irmã, não é boa para nada?

— A Madre Geral não se engana. É verdade!

— Mas então, minha pobre criança, que faremos de si, e por que resolveu entrar na Congregação?

A jovem religiosa recuperou o dom de réplica, que, quando pequena, manifestara diante do comissário e do procurador:

— Foi justamente o que eu lhe disse em Lourdes, e o senhor me respondeu que isso não tinha importância.

A Madre Marie-Thérèse fremeu: «É assim que se fala a um bispo?»

Naquele tempo, comentava-se em Nevers que a Madre mestra de noviças teria achado Bernadette mal-educada.

Mas o bispo não se melindrou e perguntou, pacientemente:

– Irmã, é capaz de levar à mesa algumas tigelas de tisana ou de descascar batatas?

– Tentarei...

Com efeito, Bernadette passou a ser alternadamente ajudante de enfermagem e ajudante de sacristia, à parte os períodos em que, acamada, o seu trabalho era encobrir com um sorriso as dores que sofria. Dizia:

– A minha ocupação é ser doente...

A partir dos fins de 1869 até o dia em que morreu, os interstícios de calmaria tornaram-se cada vez mais curtos, entre uma crise e outra de asma, frequentemente acompanhadas de escarros de sangue.

A esses padecimentos somavam-se outros: dores de peito, enxaquecas, inchaços nos joelhos, osteoporose, abscessos nos ouvidos, que lhe provocavam uma surdez parcial – só recuperou a plena audição pouco antes da morte –, tudo acompanhado de cólicas e vômitos. Eram tantos os achaques, que ela ria deles. Certo dia em que comeu no almoço uma pequena codorna, gritou de repente quando a levaram ao pátio do recreio: «Irmã! Depressa, depressa, uma bacia! A pequena codorna vai voar!»

A não ser quando se aproximou o momento da morte, a sua valentia e jovialidade naturais dominavam os seus sofrimentos. Uma das suas grandes provações foi durante muito tempo a dificuldade de locomover-se, a necessidade de que a levassem ao coro da capela, por não poder arrastar-se até lá. Considerava-se feliz quando podia andar apoiada numa bengala. Mas, mesmo assim... Quando se tem nas veias o sangue borbulhante da região de Bigorre... Uma Irmã disse-lhe um dia:

– Por que ficar desolada? Você tem entre as mãos um pregador dos mais eloquentes!

– Sim... Ensinaram-me que este apoio necessário deve fazer-me recordar as palavras de Santo Inácio: «Uma religiosa deve estar entre as mãos de Deus e dos seus superiores como uma bengala...» Mas vejo que não é fácil e custa-me muito...

Quanto lhe devia custar! «Ainda a vejo fazendo uma pirueta com a vivacidade com que uma menina quer escapar de uma traquinice...», escreverá uma das suas Irmãs. Porque, entre duas crises, ela era a própria vivacidade.

Livros e cadernos de notas íntimas de Santa Bernadette.

A imobilidade a que estava sujeita a maior parte do tempo não era praticamente nada em comparação com a sua maior contrariedade: a impossibilidade de se juntar às demais Irmãs nos exercícios da Comunidade, ela que escrevia: «As orações feitas em comum dão mais glória a Jesus Cristo, têm mais poder sobre o Coração divino e obtêm mais graças». Aplicava-se a acompanhá-las da cama e, ao primeiro toque do sino, abria o livro de orações que tinha sempre ao alcance da mão.

Dispensada do silêncio, nem por isso deixava de observá-lo. Mais de uma vez a Irmã que lhe mandavam para que a entretivesse ouviu um doce gemido: custava-lhe sair do recolhimento interior, no qual, pregada no seu leito como Jesus na Cruz, ela contemplava o Senhor e as suas cinco chagas.

«Simples com todas as pessoas...»

> *O meu coração não se orgulhou, os meus olhares não são altivos...*
> Pequeno Ofício da Santíssima Virgem

As suas companheiras amavam-na.

Amavam o seu caráter impulsivo, jovial; amavam também as suas traquinagens e, nos momentos de recreio, divertiam-se muito com o seu talento de imitadora. O papel que representava melhor era o do médico do convento, o doutor Roberto; arremedava os conselhos que ele prodigalizava a uma simples assistente de enfermagem como ela. Um dia, ao terminar o feliz tempo de recreio, foi acometida por uma violenta crise de asma, de tanto que riu... O seu espírito de réplica era extremamente vivo porquanto banhado – segundo a encantadora expressão da Irmã Eleonora – «em fantasia», isto é, numa veemência natural. Assim foi no dia em que lhe

Santa Bernadette em hábito religioso.

anunciaram: «O bispo X... está no locutório com um estranho. Deseja vê-la».

— Diga antes que o sr. Bispo deseja fazer com que me vejam! — replicou Bernadette.

Quanto aos visitantes, fugia deles como podia. Ocorria muitas vezes que a procuravam pela casa sem encontrá-la: escapava por uma escada enquanto subiam por outra...

Os devotos de Bernadette mostravam-se às vezes indiscretos. Em Lourdes, um deles teve a ideia de oferecer-lhe uma bolsa; ela rejeitou-a, dizendo:

— Você queima-me! É fogo!

O dinheiro metia-lhe medo: para ela, era a causa de todos os males. Quando pessoas da sua família, graças ao progresso de Lourdes, começaram a fazer bons negócios, inquietou-se: «Contanto que não se enriqueçam!» E aos que iam à sua terra, confiava-lhes esta mensagem: «Diga-lhes que não se enriqueçam!»

Nos dias imediatamente anteriores ou posteriores ao seu retiro, era procurada como se fosse um «bicho raro». Autorizavam-na então a esconder-se na sala Saint-Croix com o seu trabalho de costura. Tratava-se, às vezes, desses belos serviços de bordado em que era hábil cujo destino adivinhava: contentar as pessoas que desejavam ter um objeto tocado por Bernadette. Ela dizia então à

Irmã Marie Delbret: «Eu costuro os corações, vocês pintam as chamas, mas sempre se poderá dizer sem mentir: "Quem fez foi a Irmã Marie-Bernard..."»

O seu humor natural era tão alegre que lhe permitiam às vezes participar do recreio com as noviças, e estas abriam os olhos o mais que podiam para contemplá-la mais de perto... «Sob as sobrancelhas bem arqueadas distinguia-se o seu olhar, semelhante a um belo cristal, a uma bela fonte, a uma dessas fontes do bosque, profundas e cristalinas. Lia-se nele a candura de uma criança, uma lealdade simples que prendia o coração e alguma coisa mais... Uma luminosidade serena, repousante e pacificadora, a claridade da razão e do discernimento, a luz do bom-senso...» Uma delas dizia: «Certamente ela vê o fundo dos corações...»

Quanto aos doentes, esperavam impacientemente o turno de guarda da Irmã Marie-Bernard; reconheciam-na de longe, pelos seus passos cheios de vida, pelo seu modo de «gorjear», cantarolando pelos corredores. Quando entrava na enfermaria, a sua primeira saudação era para a imagem de Maria, e a sua voz alegre exclamava:

– Queridas Irmãs, como estão passando hoje?

Às vezes, as Irmãs pediam-lhe:

– Irmã Marie-Bernard! Uma canção!

E ela cantava-lhes uma canção da sua terra:

Por quanto você vende, pequena camponesa,
Por quanto vende os damascos?
Um por um tostão, dois por um tostão
Três por um tostão, a quem quiser!

Condimentava a sua cançoneta com desvelos de ternura, com palavras espirituosas ou brincadeiras gentis.

A gota de colírio que pingava em cada olho da Irmã Sophie fazia esta derramar lágrimas.

– Como! Eu pingo uma gota e você devolve-me várias!

Como enfermeira, auxiliar de farmácia, cumpria com precisão e seriamente o seu dever. Com uma caligrafia que aos poucos, à medida que a sua personalidade se firmou e se emancipou, foi perdendo a letra infantil, anotava com traços bem nítidos os nomes que antigamente se usavam como medidas – tais como «cereal», «grão», «escrópulo» – e que hoje se calculam em gramas. Registrava também as prescrições do doutor Robert de Saint-Cyr: «Para esta noite, sem falta: raiz de malvavisco, água de menta destilada, água de flor de laranjeira, um sifão, duas garrafas de água de Sedlitz, extrato de lírio-silvestre nº 8. «Muito urgente: limonada purgativa, minha cara Irmã Matilde, 30 gramas de sulfato de soda em dois copos».

As companheiras de Bernadette amavam-na.

Amavam-na pela sua bondade, generosidade, franqueza, e impressionavam-se com a sua simplicidade.

Certo dia, deram-lhe como dever conjugar um verbo. Aquela que só fora à escola aos quinze anos levantou-se e disse com a sua franqueza de pastora: «Minha Irmã, eu não sei conjugar um verbo...»

As mesmas Irmãs que se tinham surpreendido com essa confissão de ignorância iriam recordar-se mais tarde de um certo dia de recreio em que, discutindo sobre amor-próprio, cada qual se empenhava em convencer-se a si mesma – bem como aos ouvintes – do seu horror por semelhante «imperfeição». Apenas a Irmã Marie-Bernard se mantinha calada. A certa altura, servindo-se de um ramo que tinha na mão, traçou um círculo na areia do jardim, pôs o indicador no meio e disse:

— Aquela que não tiver amor-próprio, ponha o dedo aqui!

Simples e franca, também o era na presença das eminências deste mundo. A história do solidéu do bispo propagou-se na Comunidade, entremeada de risos um tanto escandalizados:

O bispo de X... tanto insistira em vê-la, que fora preciso conduzi-lo à enfermaria. Não se sabe se por descuido ou não, o certo é que o solidéu do prelado caiu em cima da cama da Irmã Marie-Bernard. A conversa prolongou-se e o objeto, por assim dizer, esperava em vão que Bernadette, ao tocá-lo, o transformasse em relíquia. Sua Excelência, porém, não poderia ficar lá indefinidamente e, no momento em que se despedia, descobriu a sua secreta «cobiça»:

— Minha Irmã, pode devolver-me o meu solidéu?

Com a sua brusquidão de camponesa, Bernadette replicou:

— Monsenhor, eu não lhe pedi o seu solidéu! O senhor mesmo pode pegá-lo de volta!

A Madre-assistente teve de intervir para que Bernadette, com as suas próprias mãos, entregasse o solidéu ao Monsenhor...

«Rude humildade», dir-se-ia. Mas também sólido bom-senso. O mesmo bom-senso de que deu mostras quando ameaçou o irmão de não voltar a escrever-lhe se ele continuasse a fazer circular as cartas que lhe dirigia. Foi a esse irmão Pierre que ela escreveu: «Por nada deste mundo desejaria que te fizesses padre para ter uma posição no mundo; não, preferiria que fosses trapeiro!»

Não tomava ares de santa nem pretendia ser tratada como tal. Em tempos pretéritos, outra pessoa eleita de Deus, ao falar das suas visões e favores sobrenaturais, comentara: «Saberemos o que isso quer dizer quando estivermos do outro lado...» Bernadette pensava como Santa Teresa de Ávila.

O padre Douce teve de impor-lhe como obrigação ir ao locutório assim que a chamassem de lá:

– É preciso que você saiba trazer a Cruz escondida no seu coração, a exemplo de Maria.

– Irei, portanto, ao locutório com alegria, embora no meu íntimo me entristeça. Direi a Deus: «Sim, irei, mas com a condição de que uma alma saia do purgatório ou um pecador se converta...»

Comovente chantagem: Maria, sua Mãe, confiara-lhe os pecadores; ela, por sua vez, fazia doce pressão sobre Deus, seu Pai.

Não como uma criança mimada: como uma criança sacrificada.

Voltando certa vez de Lourdes, a Madre Superiora disse-lhe: «Sabes que lá acontecem coisas magníficas?» Como resposta, Bernadette levantou os olhos ao céu, abriu os braços e fechou-os, num gesto de oferenda silenciosa. E murmurou: «Sacrifício...»

Meneava a cabeça quando lhe relatavam as festas solenes da Santíssima Virgem.

– Não ficas triste por não assistir?

— Não. O meu lugar é aqui, nesta cama de doente. Não tenhas pena de mim: eu vi algo mais belo...

E suspirou baixinho:

— A minha pobre gruta! Não a reconhecerei!

Quando foi convidada a admirar junto com a comunidade um pendão com a figura de Nossa Senhora de Lourdes, que seria levado pela Madre Marie-Thérèse ao local da gruta, Bernadette encolheu docemente os ombros...

Não, ela não era capaz de reconhecer a sua Senhora de branco, a sua Senhorita, a sua Dama, a sua radiante Imaculada Conceição nessas imagens e nessas estátuas... Se não lhe pedissem a opinião, ficava calada; mas se lhe pediam, dizia:

— Representam a Santíssima Virgem levantando a cabeça; mas Ela olhava para o céu simplesmente levantando os olhos...

Repetiu cem vezes essa afirmação.

Dizia também:

— Puseram-lhe uma papeira! Oh! a Santíssima Virgem não era assim! Dão-lhe um ar severo, quando é graciosa, amável...

Uma Irmã mostrou-lhe uma Nossa Senhora do Sagrado Coração, que achou bastante bela para comprazê-la.

— Diz-me, esta parece-te bonita?

— Ainda não é suficientemente graciosa...

Nem suficientemente jovem. A Senhorita de Massabielle tinha a eterna juventude da terra e dos céus. Bernadette dava estes pormenores: «Era bonita, a sua pele era branca, um leve rubor em cada face e os olhos azuis...»

A imagem de Nossa Senhora das Águas, tão recolhida, na sua gruta atapetada de hera, diante da qual gostava de rezar, seria parecida com a verdadeira Senhora das verdadeiras Águas? «Gosto dessa imagem – dizia –, porque me recorda mais do que as outras as feições da Santíssima Virgem...» O que não a impedia de sorrir: «Como se surpreenderá quem a fez quando A vir no céu!...» Para além das formas, Bernadette via o Espírito, e era em Espírito e em verdade que ela adorava.

Evitava-se falar de Lourdes diante dela, com receio de suscitar nela um assomo de vaidade. Certo dia, porém, em que, da tribuna da enfermaria, ouviu um pregador entrar no terreno proibido [das aparições], apanhou a sua bengala e escapuliu, talvez mais magoada na pureza das suas lembranças do que preocupada com a disciplina... Porque, a menos que sejamos uma Bernadette, falamos do céu como os cegos falam das cores: não conhecemos os rostos nem a linguagem.

Quando soube da morte do padre Peyramale, sentiu-se instantaneamente transportada em pensamento a Lourdes. Puxou pela manga a Irmã Vitória Cassou e abandonou o recreio para esconder os soluços. Dizia, chorando: «As duas pessoas que mais amei na terra foram ele e o padre Sempé[1]; eles fizeram o que eu não podia fazer...»

Em suas noites insones, talvez lhe acontecesse ouvir bem ao longe, por cima do cicio surdo das águas do Gave, o imenso murmúrio das multidões em oração na gruta de Massabielle.

---

(1) O padre Sempé viria a recolher as suas derradeiras lembranças. (N. E.)

Simples com Deus...

À ida, os que levam a semente a espargir caminham chorando, à volta, vêm com alegria, trazendo os feixes da colheita.

Salmo 125 (126), 6

As suas Irmãs amavam-na.

Diziam: «A Irmã Marie-Bernard é simples com Deus como com todas as pessoas». Era o mesmo pensamento que a Madre Marie-Thérèse Vauzou exprimia, comparando-a com uma religiosa que tinha o dom de lágrimas: «A piedade da Irmã Marie-Bernard não tem nada de extraordinário!»

Quando era ainda noviça, perguntaram-lhe se havia recebido graças sobrenaturais depois das aparições. Bernadette respondeu:

– Não. Agora sou como qualquer outra pessoa...

Percorria sem ruído a estreita senda que leva às alturas. Assim como, voltando de Massabielle, se calava e cobria o rosto com a sua capucha, agora ocultava-se sob o seu véu quando se abismava na oração: «Fecho-me na minha pequena capela [interior]...»

Mas as suas companheiras procuravam aproximar-se dela para rezar: «Basta olhá-la para sentirmos fervor...» Bastava vê-la fazer o sinal da Cruz com três dedos da mão, da cabeça até à cintura, do extremo de um ombro ao outro, lentamente, majestosamente...

Vida interior, vida secreta: a sombra na qual se envolvem as almas em que Deus habita, essa sombra deixa filtrar raios de luz, pálidos reflexos de uma claridade imensa. Tais são os «pequenos cadernos» e as folhas soltas em que a Irmã Marie-Bernard anotava, unicamente para seu próprio uso, exigências sempre mais elevadas. O mesmo transparece das palavras que dizia num momento ou noutro, e que eram recolhidas pelas Irmãs ou pelos capelães: mais de uma vez se sublinha nessas anotações que eram palavras pronunciadas «com energia». Devemos reconhecer que os santos são forças da natureza por meio das quais se exprimem as forças sobrenaturais.

Essa força interior, esse borbulhar de Deus, esse gêiser do espírito, desfez o organismo de Bernadette[1]. Ela aceitara o sofrimento «pelos pecadores» sem amar o sofrimento; por inclinação natural, não estava feita para com-

---

(1) Santa Bernadette Soubirous faleceu em 16 de abril de 1879 na enfermaria do convento, após meses de convalescença e sofrimentos. Desde 1867 ou 1868, sofria de um terrível tumor no joelho que, com o passar dos anos, se alastrou por todo o seu corpo. (N. E.)

prazer-se na dor, e isso foi para ela uma tribulação ainda maior. Há pessoas que se acostumam com a doença; mas ela não. Os dias em que se levantava com falta de ar, vómitos e dores, as manhãs em que não podia louvar alegremente a Deus pela sua saúde, eram para ela uma provação que se repetia incessantemente. Com muita frequência, o que tinha para oferecer a Deus no começo do dia eram as suas repugnâncias e os seus males:

«Ó compassivo Coração de Jesus, aceitai cada uma das minhas lágrimas, cada grito da minha dor, como uma súplica pelos que sofrem, por todos os que choram, por todos que vos esquecem.»

«De uma esposa de Jesus Cristo que sofre física e moralmente só se deve ouvir esta palavra: "Sim, meu Deus", sem nenhum *se*, sem nenhum *mas*....»

Sem *se*, sem *mas*...

Ela tinha-os dito mesmo na gruta, mesmo junto de Maria. Quando a sua antiga conterrânea de Lourdes, a Irmã Vincent Garros, a reencontrou em Nevers, disse-lhe, rindo:

— Já gostas de salada?

— Ei! Por que o perguntas?

— Porque na gruta vi que não comias com apetite a erva que a Santíssima Virgem te mandou comer... Comeste um pouco e cuspiste imediatamente.

Foi a vez de Bernadette rir:

— Era dura e de gosto ruim!

Desde então, Bernadette mastigara coisas bem mais duras, engolira outras ainda piores, mas..., eis o propósito que fez: «Quando a emoção for forte demais, lembrar-me desta palavra de Nosso Senhor: "Sou eu; não temais!..." Portanto, abraçar a Cruz e carregá-la generosamente».

«... O cansaço é muito grande esta manhã! Lembrar-me da tentação do padre João de Ávila, quando um dia, por causa da fadiga, hesitou em continuar o caminho para chegar ao local onde ia celebrar a missa. Nosso Senhor apareceu-lhe e, apontando para o lugar do seu Coração, fê-lo recordar que a fadiga não o impedira de subir até o alto do Calvário. Coragem, e compreender que eu também devo saber usar de violência comigo mesma. Depois de tudo, se me sentir fatigada e esgotada, repousar no Coração de Jesus.»

«Para que Jesus cresça, é preciso que eu diminua... Por que é Ele tão pequeno em mim? É que eu não sou assaz pequena, assaz humilde...»

Não é essa já a «pequena via» de Santa Teresinha do Menino Jesus? Na sombra, ou mais propriamente numa luz ainda invisível aos olhos da carne, preparava-se a substituição: no tempo em que a Irmã Marie-Bernard escrevia essas palavras nascia, em Alençon, Teresa Martin...

«Trabalhar energicamente para destruir o amor e a estima de mim própria...»

«Energicamente». A Madre Marie-Thérèse Vauzou auxiliou Bernadette nesse trabalho. Foi até bastante além, procurando destruir nela os ingênuos impulsos da sua natureza afetuosa que a incitavam a amá-la – a ela, a mestra de noviças – em primeiro lugar.

Quantas vezes a Irmã Marie-Bernard se sentiu ferida no seu coração! Mas transmudou a sua dor em amor divino: «Tudo sofrer das criaturas para agradar a Jesus, isso é amar... Tudo sofrer em silêncio... Nunca ver a criatura, mas sempre ver Deus nela...»

Das humilhações e vexames, tira esta lição suprema: a do desapego. «Passai, passai, criaturas! Resta-me Deus, e Ele basta-me!... Dizem que o padre Villefort rebentou de caridade; eu quereria ser assim!»

«O que me diz respeito não me diz respeito. Desde este momento, devo ser inteiramente de Deus, e só de Deus. Já não há eu em mim.»

As Irmãs diziam: «Já não há "eu" na Irmã Marie-Bernard».

No meio de tantas anotações, como distinguir os seus próprios pensamentos das citações que fazia de um sermão, de um ensinamento, de um livro? Pelo tom, que era conciso, viril. Pode-se presumir que toda a ideia que não se exprimiu no estilo untuoso da época é especificamente dela. As suas observações decorrem frequentemente da vida cotidiana:

«Sobre a virtude da pobreza: a Irmã encarregada da cozinha deve fazer o que estiver ao seu alcance para que o pessoal fique contente e nada lhe falte; deve dar o que é preciso; isso é tudo...

«Deve a encarregada da farmácia chamar a atenção sobre a pobreza a uma Irmã que vai beber água duas vezes por dia? Isso não lhe diz respeito nem um pouco. Quanto a ela pessoalmente, que economize tanto quanto quiser e puder. É necessário o que é necessário para observar a pobreza bem compreendida.»

«É necessário o que é necessário...»

«É necessário que eu me torne uma grande santa. O meu Jesus assim o quer, e eu estou obrigada a isso por dever de estado.»

Ternura. Parece-nos ver Bernadette, com a sua touca branca, tal como é descrita por uma das suas Irmãs: «Quando alguma de nós passava por ela e queria dizer-lhe alguma coisa na hora do silêncio, ela levava um dedo aos lábios; e fazia-o com um sorriso tão simpático, que não ficávamos nem um pouco humilhadas...»

Devoção a São José. Dizia: «Quando não se pode rezar, é necessário rezar a São José».

Certa vez, uma Irmã viu-a rezar de joelhos a Nossa Senhora, mas diante de uma imagem de São José:

– Foi por distração, não foi? – disse-lhe.

– Não – respondeu Bernadette –, a Santíssima Virgem e São José estão em perfeita sintonia, e no céu não há ciúmes...

Dizia também: «... No céu, ninguém se zanga...»

Tal é o seu estilo, o seu tom, mesmo quando escreve: «É necessário receber bem a Deus. Temos todo o interesse em acolhê-lo bem, porque então nos pagará bem a hospedagem. Preparação para a Sagrada Comunhão: a preparação consiste na meditação. Faço-a tão mal!...»

Emocionante confissão. Desde o tempo do colégio, dizia-se de Bernadette: «Ela nem sabe meditar!...» Ora, escreve Santa Teresa de Ávila: «Meditar não é pensar muito, mas amar muito». Bernadette, a Irmã Marie-Bernard Soubirous, Santa Bernadette, amava. O amor era o pão cotidiano do seu coração de menina, da sua alma eterna. Nela, o entendimento não podia estar preso ao trabalho de raciocinar sobre o que amava, pois o amor a arrebatava imediatamente para o além, na contemplação pura, e a fixava em Deus. À semelhança do albatroz, as suas asas de gigante impediam-na de andar! Nossa Senhora ensinara-a a meditar da sublime forma com que Ela o fazia, «conservando todas essas coisas e meditando-as no seu coração», isto é, no centro do seu ser, no ponto de fusão do humano com o divino, lá onde o intelecto se cala, onde a alma se consome num amor sem fim, num silêncio prodigioso.

Por isso, Bernadette foi capaz de escrever, num dos seus caderninhos:

«Levantei os olhos e só vi Jesus:

«Só Jesus por fim,

«Só Jesus por mestre,

«Só Jesus por modelo,

«Só Jesus por guia...»

Foi o que ela fez: imitar Jesus penosamente, trabalhosamente. Porque, para uma criatura de carne e osso, é mais fácil, pela graça, deixar-se transportar para a extrema ponta do amor divino do que dominar a cada instante da vida o caráter e as paixões. O amor fez a glória de Bernadette; mas a luta cotidiana fez a sua força e a sua doçura – doçura daqueles que sabem que não é fácil ser santo.

Teve, pois, de combater a sua suscetibilidade, a vivacidade das suas réplicas! Quando uma das suas companheiras a repreendia injustamente, saltava e retrucava com altivez. Contudo, sequiosa das mais altas vitórias, das vitórias sobre si mesma, rabiscava-lhe um bilhete a lápis: «Minha boa Irmã Josephine, peço-te perdão pelo mau exemplo que te dei... Rogo-te que me perdoes e rezes um pouco por mim. Sabes bem como sou pobre em virtude».

A santidade, hábito sublime, é uma segunda natureza.

Para agir, Deus esperava somente a decisão de Bernadette, em cada curva da sua ascensão.

Nos seus quatro caderninhos de exames de consciência particulares, divididos em colunas regulares – onde ela anotava no alto o defeito que lhe custava mais vencer –, a coluna da «suscetibilidade» ficava sempre ou quase sempre em branco. Lutava nessa matéria com a mesma escrupulosa vigilância com que lutava na oração, sob o impulso do amor.

Lutava por reduzir a sua velocidade-relâmpago, acomodando-a ao ritmo da maioria. Emociona-nos ler, escritas pela sua própria mão, estas linhas ao mesmo tempo tão ambiciosas e tão humildes, tão sobrenaturais e tão realistas:

«*Meios infalíveis de santidade, e de santidade consumada.*

«Meios que Deus põe à nossa disposição: a luz, isto é, as nossas Regras.

«Da nossa parte, boa vontade, isto é, vontade enérgica, corajosa, constante, perseverante».

Palavras rigorosas como um projeto concluído. A vida interior, como um mecanismo de relojoaria, é de uma extrema precisão, de uma extrema delicadeza: um grão de auto-complacência, poeira quase invisível, é suficiente para emperrar o mecanismo; a Regra assegura o tique-taque. Mas o amor transcende a lei. Admirável prece de Bernadette doente:

«Ó Cruz, és o altar sobre o qual quero sacrificar-me, morrendo por Jesus.

«O Coração de Jesus, com todos os seus tesouros, é a minha herança. Viverei nele, morrerei nele em paz, no meio dos sofrimentos».

É a paz inseparável da Cruz, o dom supremo de Cristo aos seus discípulos após a ressurreição: «A paz esteja convosco...» E foi essa paz que Ele insuflou nos Apóstolos quando lhes disse: «Recebei o Espírito Santo...»

Assim, a pastora de Bartrès recebeu de Deus, como dom, pela graça, tudo aquilo que, não obstante, se empenhou em praticar e cultivar, à custa de grandes esforços, com a modéstia da santidade ou do gênio.

Pobre pecadora...

*O inverno já passou, as chuvas cessaram.
Levanta-te, minha amiga, e vem...*
    Pequeno Ofício da Santíssima Virgem

Em 11 de dezembro de 1879, a Irmã Marie-Bernard teve de ficar de cama e entrou numa agonia que duraria quatro meses. A Madre Eléonore Cassagne disse-lhe: «Rezaremos para que Deus alivie a tua dor», e ela respondeu:
— Não. Alívio, não. Mas paciência.

Em pouco tempo o seu corpo tornou-se uma chaga viva, e foi necessário retirar o cortinado que envolvia a sua cama, para que o ar circulasse em torno dela. Nunca se queixou, mas o seu pobre peito deixava passar apenas um sopro ofegante, descontínuo, mais doloroso de se ouvir do que se fossem gemidos. Era a máquina que rangia, enquanto o espírito só exprimia um pesar: o de que esse sibilar pungente impedia que as demais enfermas dormissem e a Irmã de guarda também não conseguisse descansar. Por isso Bernadette pediu que pusessem junto dela apenas doentes plácidas, das que adormecem em qualquer momento e lugar.

Com o corpo em brasa, mas a alma radiante, ouvia soar ao longe o relógio de parede. A Irmã de guarda ressonava, e Bernadette rezava: «Benditas sejam as horas! Bendita a hora em que Nosso Senhor morreu por nós! Jesus, é sempre hora de Vos amar!» E ia considerando que cada minuto a aproximava do seu fim, ou, mais propriamente, do seu começo.

De tempos em tempos, a Irmã enfermeira acordava sobressaltada, e, confusa, precipitava-se sobre a paciente:

— Precisas de alguma coisa?

— Não... Podes dormir! Se precisar, chamo-te!

Presa ao colchão, resignava-se à imobilidade de Cristo na Cruz.

Distribuiu entre as demais Irmãs as imagens que lhe faziam companhia — entre outras, a que representava um padre em plena celebração da missa, acolitado por um menino de coro, de quem ela dizia: «Não estou contente com esse menino! Nunca toca a sineta!» Guardou consigo apenas o crucifixo: «Basta-me a Cruz... Sou mais feliz com o meu crucifixo em frente deste meu leito de dor, do que uma rainha no seu trono...»

Sabia que ia morrer.

— O que você pediu a São José no dia da sua festa?, perguntou-lhe o padre Fèbvre, pouco depois do dia 19 de março.

— A graça de uma boa morte.

Foi esse sacerdote que contou mais tarde que Bernadette se oferecera como vítima pelos pecadores.

Pagou caro por isso... Um dos seus últimos padecimentos foi-lhe imposto pelos seus piedosos hagiógrafos, que não lhe deram sossego. Assim que se soube da gravidade do seu estado, apressaram-se a importuná-la, a espremer-lhe a memória, já enevoada, para tirar dela as últimas luzes de Massabielle.

Entre esses hagiógrafos contava-se o padre Sempé, que ela estimava muito. Não podendo ir entrevistá-la pessoalmente, enviou um longo questionário de punho e letra. A própria Madre Superiora sentou-se na ponta da cama da moribunda, com os papéis na mão:

— Irmã Marie-Bernard..., faz um esforço para lembrar-te... Que lembrança conservas da ordem de beijar a terra que deste à multidão?...

— Nenhuma.

— Qual era o comprimento do véu de Nossa Senhora de Lourdes? Chegaste a observar quantas pregas tinha o vestido por baixo do cinto?

Não pôde dominar um gesto de cansaço:

— Como posso lembrar-me de tudo isso? Se o querem saber, façam-na voltar!

Aparecem os importunos de todos os naipes! Acolhe com ternura uma garotinha que lhe trazem. A essa menina, diz que Maria era mais bela do que tudo o que se possa imaginar. Mas àquela Irmã agitada, tagarela, que lhe fazia mil pedidos e dez mil recomendações, limita-se a sorrir, apesar de esgotada e cheia de dores; assim que a tagarela sai, não consegue conter-se: «Prefiro ver-lhe os calcanhares que a ponta do nariz!» Cada vez que a sua paciência é assim posta à prova, recrimina-se por ter faltado à caridade, prostra-se interiormente diante de Deus, e diz ao seu confessor com uma energia aflitiva:

– Como preciso da ajuda de Deus! Como tenho necessidade de beber forças no Sacramento da Penitência, e, sobretudo, na Sagrada Comunhão!

Assalta-a o sentimento da sua indignidade. Contudo, por pudor, quando confessa esse sentimento a uma Irmã a quem ela trata por Serafim, fá-lo num tom risonho:

– Serafim, quando souberes que morri, rezarás muito por mim... Porque dirão: «Oh! Essa santinha não precisa de orações...» E assim me deixarão torrar no purgatório...

Junto do seu leito de morte, pode-se ouvir o silêncio: o silêncio ritmado pela sua respiração sibilante, entrecortada.

No limiar da eternidade, a natureza recalcitra, um suor de angústia encharca a sua roupa. Estende para a Irmã Nathalie os seus braços trêmulos: «Tenho medo...»

É possível que sentisse uma inquietação: a Virgem mostrara-se-lhe dezoito vezes, mas depois nunca mais lhe aparecera... Bernadette chegava a dizer – e assim pensava – que Nossa Senhora tinha brincado com ela como se fosse uma pedra que se apanha na rua e logo a seguir se devolve ao canto onde estava. Mas se o amor admite a ausência, não espera menos o retorno...

«A gruta..., rever a gruta...» Bernadette pronuncia essas palavras num murmúrio. É a gruta onde agora se vende por dois tostões o seu retrato, num vestido bordado de rendas. «Isso é tudo o que valho...» Em pensamento, retorna para lá todos os dias, incapaz de olhar sem emoção os choupos longínquos, desfolhados pelo inverno: fazem-na lembrar-se das margens do Gave, daqueles tempos em que a Virgem Maria lhe sorria...

A sua Senhora de branco, a sua pequena Senhorita... Basta-lhe fechar os olhos para revê-la. Às vezes, perguntam-lhe, só para importuná-la – com aquela falsa gaiatice de que se rodeiam os moribundos –, se não a esqueceu, e a doente bate a mão na testa com a energia de sempre: «Eu, esquecer? Ela está lá!»

Confessa, porém, que se esforça em vão por rever interiormente o rosto tão amado.

– Ó, minha pequena! – diz-lhe a velha Irmã com quem se confidenciava – É que não és razoável!

Não és razoável... Sofrer muito não é ser razoável? É na intensidade da dor física que Bernadette já não reencontra o rosto da Rainha.

Recrimina-se por não haver compreendido toda a extensão da sua felicidade, no tempo de Massabielle: «Ah! Se fosse agora!» E a sua respiração torna-se cada vez mais entrecortada, e o pouco de ar que aspira queima-a como fogo.

Apaziguamento: sem mover os lábios, repete a oração secreta que ouviu diretamente da boca da sua Mãe. Mas, um instante depois, a angústia apossa-se dela novamente: «Recebi tantos favores!... Que fiz para agradecer?»

A uma Irmã que está junto dela, e que tem uma voz muito bonita, Bernadette diz:

– Canta...

A Irmã sabe qual é a música de que ela gosta:

Eu a verei, essa Mãe querida...
Eu fui sempre filha da sua ternura,
Eu quero-lhe muito, não a vejo nunca...

As lágrimas de Bernadette escorrem lentas, espessas, em direção à comissura dos lábios; o seu gosto amargo engana-lhe a sede.

«Abandono sem limites, amor e fidelidade a Jesus até à morte...» É a aceitação: não somente a aceitação dessa interminável agonia – agora só respira sentada numa poltrona, e sua perna chagada dói-lhe muito –, mas a aceitação de toda a sua vida:

«[...] Pela miséria do meu pai e da minha mãe, pela ruína do moinho, pela prancha que trouxe desgraça, pelo vinho da fadiga, pelas ovelhas sarnentas, obrigada, meu Deus!

«Pela "boca a mais para alimentar" que eu era, pelas crianças espevitadas, pelas ovelhas guardadas, obrigada!

A cadeira em que Santa Bernadette ficava sentada nos últimos meses e onde faleceu.

«Obrigada, meu Deus, pelo procurador, pelo comissário, pelos soldados, pelas palavras duras do padre Peyramale!

«Pelos dias em que vieste, Maria, Nossa Senhora, por esses outros em que Vos esperei, não saberei dar-vos graças senão no Paraíso!

«Pela bofetada da srta. Pailhasson, pelas troças, pelos ultrajes, por aqueles que me julgaram louca, por aqueles que me julgaram mentirosa, por aqueles que me julgaram interesseira, obrigada, minha Senhora Maria!

«Pela ortografia que nunca aprendi, pela memória dos livros que nunca tive, pela minha ignorância e estupidez, obrigada!

«Obrigada, obrigada! Porque se tivesse havido na terra uma menina mais ignorante e tola do que eu, Vós a teríeis escolhido...

«Pela minha mãe, falecida lá longe, pela pena que senti quando meu pai, ao invés de estender os braços à sua pequena Bernadette, chamou-me "Irmã Marie-Bernard", obrigada, Jesus!

«Obrigada por terdes embebido de amargura este coração demasiado terno que Vós me destes!

«Obrigada pela Madre Joséphine, que proclamou que eu não servia para nada!

«Pela Madre mestra de noviças, pela sua voz cortante, pela sua severidade, pelas suas zombarias e pelo pão da humilhação, obrigada!

«Obrigada por eu ter sido aquela a quem a Madre Marie-Thérèse podia dizer: "Nunca mais faças isto ou aquilo ou aquilo!"

«Obrigada por ter sido essa privilegiada das repreensões que me dirigiam e que faziam as minhas Irmãs dizer: "Que sorte eu não ser Bernadette!"»

«Mas obrigada por ter sido Bernadette, ameaçada com a prisão, por ter sido vista por Vós, por ter sido olhada pelas multidões como um bicho estranho, por ter sido essa Bernadette, pessoa tão comum que, quando a viam, se dizia: "Só isso?"

«Por este corpo deplorável que me destes, por esta doença que me abrasa e sufoca, pela minha carne apodrecida, pelos meus ossos desfeitos, pelos meus suores, pela minha febre, pelas minhas dores surdas ou agudas, obrigada, meu Deus!

«E por esta alma que me destes, pelo deserto das minhas securas interiores, pela Vossa noite e pelos clarões de luz, pelos Vossos silêncios e pelos Vossos raios de luz, por tudo, enfim, pelas Vossas ausências ou presenças, obrigada, Jesus!»

Na sexta-feira, 28 de março, recebeu pela quarta e última vez a Extrema-Unção. Com voz forte, pediu perdão à Madre Superiora e às suas Irmãs, confessando com insistência o seu orgulho.

Aproximava-se o momento em que o Eterno iria oferecer-lhe a taça transbordante. Foi primeiro um recrudescimento de todos os seus sofrimentos.

À medida que as suas forças declinavam, o seu olhar adquiria uma intensidade dilacerante. «Como aproveitei mal as graças que recebi!... Como tinha razão o autor da *Imitação de Cristo*, ao ensinar que não devemos esperar pelo último momento para servir a Deus! Somos capazes de tão poucas coisas!»

Capaz de nada, salvo de contemplar e adorar. Pediu que se prendesse o crucifixo ao seu peito, quando já não tivesse forças para tê-lo na mão.

Na quarta-feira da semana da Páscoa, 16 de abril, o capelão foi chamado com urgência para junto da poltrona de Bernadette. Podia falar e confessou-se. Era uma hora da tarde e uma chuva torrencial fazia desabar o céu sobre a terra. A Madre Eléonore Cassagne disse-lhe: «Estás na Cruz...» Ela estendeu os braços e murmurou: «Meu Jesus! Como Vos amo...»

As Irmãs começaram a recitar a oração dos agonizantes. Ela respondia com voz fraca, mas nítida, e, quando abria os olhos, o seu olhar surpreendia pela intensidade.

Que coisas do céu terá ela visto, ao fixá-lo demoradamente com uma expressão de gravidade fervorosa? Por três vezes, como que surpresa, disse: «Oh!», estremecendo com o corpo todo. A que estaria respondendo, quando teve forças para dizer: «Meu Deus, eu Vos amo com toda a minha alma, com todo o meu pensamento»? Diálogo misterioso, do qual só se ouvia a voz de um dos lados...

Um pouco antes das três horas, teve sede. Antes de molhar os lábios no copo que lhe aproximaram, persignou-se amplamente, lentamente, tal como lhe ensinara a sua Senhorita, a sua Senhora.

Por volta das três e quinze, as Irmãs recitavam em voz baixa junto dela: «Ave Maria...» Ela respondia: «Santa Maria, Mãe de Deus, rogai por mim..., pobre pecadora...» Como um disco raiado, repetia a mesma frase, com o coração transbordante de contrição: «Pobre pecadora..., pobre pecadora...»

Assim expirou, aos trinta e seis anos, a Irmã Marie--Bernard Soubirous. Assim levou consigo para o céu os três segredos de Nossa Senhora. Toda a marca de sofrimento, toda a marca do tempo se apagou do seu rosto. Durante dois dias, a multidão extasiou-se ao vê-la tal como entrara na eternidade, com a cabeça inclinada, as mãos juntas e o seu misterioso sorriso de criança adormecida no regaço materno.

Tornou-se Santa Marie-Bernard, mas o povo continuou a chamá-la «a pequena Bernadette». Era como se tivesse catorze anos, para sempre.

Desde de 3 agosto de 1925, o corpo de Bernadette repousa em uma urna de vidro na capela do antigo Convento de Nevers.

Para sempre escondida por trás da sua capucha branca, ajoelhada diante da gruta, agora sorri quando a Senhora sorri e, quando a Senhora chora, grossas lágrimas lhe escorrem pela face.

Mas talvez lhe ocorra esfregar os olhos deslumbrados e voltá-los para esta terra, como testemunha da compaixão do Céu.

Bibliografia em forma de ação de graças

Esta narrativa não é a história de Lourdes, mas unicamente de Santa Bernadette. Só tem um objetivo: fazer com que a amemos na sua verdade inteiramente singela. Por isso, pareceu-me não dever sobrecarregar este texto com uma copiosa bibliografia. Colhi material nas fontes, e agradeço particularmente ao padre René Laurentin pelos preciosos esclarecimentos que, com base na sua obra Le sens de Lourdes, *me prestou sobre os acontecimentos, datas e palavras pronunciadas por Nossa Senhora.*

Agradeço às Irmãs da Caridade de Nevers, que me permitiram ter acesso à esplêndida documentação que elas reuniram.

Agradeço à srta. Jeanne Dodeman, que com grande proveito me ajudou a reunir fichas e documentos.

Enfim, agradeço a Deus pela alegria que este trabalho me proporcionou.

Hoje, em Lourdes e no mundo inteiro...

«Ide dizer aos padres que façam construir aqui uma capela.» E os padres construíram em Massabielle algo melhor do que uma capela: uma basílica.

«[...] Que venham aqui em procissão...» E para lá se foram, não somente de Bigorre, não somente da França, mas do mundo inteiro, dos quatro pontos cardeais do planeta.

Milhões de penitentes beijam esse chão, milhões de enfermos (quem não é enfermo? Quem pode pretender-se inteiramente são? Doenças do corpo, do coração ou da alma – haverá quem não as tenha?) bebem dessa água e lavam-se nessa fonte.

Lourdes é agora o cadinho da fé e do amor, a babel da redenção, onde todas as línguas se confundem numa só aclamação: «Ave-Maria...»

Noite e dia o imenso murmúrio das preces e dos cânticos, das súplicas e ações de graças, sobe de Lourdes para o céu em direção a Maria Imaculada, em direção ao Pai, ao Filho e ao Espírito Santo.

Apêndice

Por que a Virgem apareceu em Lourdes? Por que apareceu nesse momento? Por que apareceu a uma menina pobre e analfabeta? Não há resposta que não tenha as suas raízes no desígnio eterno de Deus, que jamais abandona os seus filhos.

Assim como escolheu uma jovem desconhecida para tomar carne como a nossa, e a fez aparecer a um moço tímido em Guadalupe para converter à fé um povo inteiro, e a uns pastorzinhos em Fátima para pedir a um mundo que só falava a linguagem das guerras o amor à penitência e ao arrependimento, assim a fez aparecer a um mundo que se laicizava, esquecido dEle, banindo-o da vida das pessoas e das instituições.

A mensagem de Lourdes, há pouco mais de século e meio, é atual nos nossos dias. Vale a pena ganharmos consciência disso com trechos das palavras de Pio XII no primeiro centenário daquelas dezoito aparições nas terras de Bigorre, e de Bento XVI no 150º aniversário desse acontecimento sobrena-

tural. Mensagens premonitórias, consoladoras e esperançosas como guia seguro para uma sociedade em busca dolorosa de um norte.

O EDITOR

CARTA ENCÍCLICA
LE PÈLERINAGE DE LOURDES
do Sumo Pontífice Papa Pio XII
2 de julho de 1957

De 11 de fevereiro a 16 de julho de 1858, aprazia à bem-aventurada Virgem Maria, por um favor novo, manifestar-se na terra dos Pireneus a uma menina piedosa e pura, saída de uma família cristã, trabalhadora na sua pobreza. «Ela vem a Bernadette, dizíamos nós outrora [em discurso feito quando Cardeal], fá-la sua confidente, sua colaboradora, o instrumento da sua ternura maternal e da misericordiosa onipotência do seu Filho, para restaurar o mundo em Cristo por uma nova e incomparável efusão da redenção.»

Os acontecimentos que então se desenrolaram em Lourdes, e cujas proporções espirituais medimos melhor nos dias de hoje, são-vos bem conhecidos. Sabeis, caros filhos e veneráveis irmãos, em que condições estupendas, apesar de zombarias, de dúvidas e de oposições, a voz daquela menina, mensageira da Imaculada, se impôs ao mundo. Sabeis a firmeza e a pureza do seu testemunho, posto à prova com sabedoria pela autoridade episcopal e por esta sancionado desde 1862. Já as multidões haviam acorrido e não têm cessado de precipitar-se para a gruta das aparições, para a fonte milagrosa, para o santuário elevado a pedido de Maria. É o comovente cortejo dos humildes, dos doentes e dos aflitos; é a imponente peregrinação de milhares de fiéis de uma diocese ou de uma nação; é a discreta diligência de uma alma inquieta que busca a verdade... Dizíamos nós: «Jamais num lugar da terra se viu semelhante cortejo de sofrimento, jamais semelhante irradiação de paz, de serenidade e de alegria!» E, poderíamos acrescentar, jamais se saberá a soma de benefícios de que o mundo é devedor à Virgem auxiliadora! «Ó gruta feliz, honrada pela presença da Mãe de Deus! Rocha digna de veneração, da qual brotaram abundantes as águas vivificadoras!»[...]

O que em Roma, pelo seu magistério infalível, o Sumo Pontífice definia, a Virgem Imaculada Mãe de Deus, a bendita entre as mulheres, quis, ao que tudo leva a crer, confirmá-lo por sua boca, quando pouco depois se manifestou por uma célebre aparição na gruta de Massabielle. Certamente, a palavra infalível do Pontífice Romano, intérprete autêntico da verdade revelada, não necessitava de nenhuma confirmação celeste para se impor à fé dos fiéis. Mas com que emoção e com que gratidão o povo cristão e seus pastores não recolheram dos lábios de Bernadette essa resposta vinda do céu: «Eu sou a Imaculada Conceição»! [...]

O cinquentenário da definição dogmática da imaculada conceição da Santíssima Virgem ofereceu a São Pio X o ensejo de atestar num documento solene o liame histórico entre esse ato do magistério e a aparição de Lourdes: «Apenas Pio IX definira de fé católica que desde a origem Maria foi isenta de pecado, a própria Virgem começava a operar maravilhas em Lourdes» [...].

Àquele santuário já cumulado de favores, Bento XV fez questão de enriquecê-lo de novas e preciosas indulgências, e, se as trágicas circunstâncias do seu pontificado não lhe permitiram multiplicar os atos públicos da sua devoção, todavia ele quis honrar a cidade mariana concedendo ao seu bispo o privilégio do pálio no lugar das aparições. O seu sucessor, Pio XI, que fora pessoalmente peregrino de Lourdes, prosseguiu a obra dele, e teve a alegria de elevar aos altares a privilegiada da Virgem, tornada, sob o véu, Irmã Maria Bernarda, da Congregação da Caridade e da Instrução Cristã. Por assim dizer, não autenticava ele por sua vez a promessa «de ser feliz não neste mundo, mas no outro», que a Imaculada fizer à jovem Bernadette?

A esse unânime concerto de louvores como não haveríamos nós de unir a nossa voz? Fizemo-lo especialmente na nossa encíclica *Fulgens corona*, relembrando, em seguimento aos nossos Predecessores, que, «a própria bem-aventurada Virgem Maria quis confirmar por um prodígio a sentença que o Vigário do seu divino Filho na terra acabava de proclamar com os aplausos da Igreja inteira».

[As lições espirituais das Aparições], eco fiel da mensagem evangélica, fazem ressaltar de maneira impressionante o contraste que opõe os juízos de Deus à vã sabedoria deste mundo. Numa sociedade que não tem lá muita consciência dos males que a corroem, numa sociedade que vela as suas misérias e as suas injustiças sob aparências prósperas, brilhantes e descuidosas, a Virgem Imaculada, por quem o pecado jamais roçara, manifesta-se a uma menina inocente. Com compaixão maternal percorre com o olhar este mundo redimido pelo sangue do seu Filho, onde, infelizmente, o pecado faz cada dia tantos estragos, e por três vezes lança o seu apelo premente: «Penitência, penitência, penitência!» Chega a pedir gestos expressivos: «Ide beijar a terra em penitência pelos pecadores». E ao gesto há que juntar a súplica: «Rogareis a Deus pelos pecadores». Tal como no tempo de João Batista, tal como no início do ministério de Jesus, a mesma injunção, forte e rigorosa, determinando aos homens a trilha da volta a Deus: «Arrependei-vos» (Mt 3, 2; 4, 17). E quem ousaria dizer que esse apelo à conversão do coração perdeu, nos nossos dias, a sua atualidade?

Mas poderia a Mãe de Deus vir aos seus filhos senão como mensageira de perdão e de esperança? Já a água lhe jorra aos pés: «Ó vós todos que tendes sede, vinde às águas e recebereis do Senhor a salvação». Àquela fonte onde, dócil, Bernadette foi a primeira a ir beber e lavar--se, afluirão todas as misérias da alma e do corpo. «Fui lá, lavei-me e vi» (Jo 9, 11), poderá responder, como o cego do Evangelho, o peregrino agradecido. [...] Junto à gruta bendita, a Virgem convida-nos, em nome do seu divino Filho, à conversão do coração e à esperança do perdão. Escutá-la-emos?

Nessa humilde resposta do homem que se reconhece pecador reside a verdadeira grandeza deste ano jubilar. Que benefícios não estaríamos no direito de esperar para a Igreja se cada peregrino de Lourdes – e mesmo todo o cristão unido de coração às celebrações do centenário – realizasse primeiro em si mesmo essa obra de santificação, «não com palavras e de língua, mas com atos e em verdade» (1 Jo 3, 18)? Tudo, aliás, a isso ali o convida, pois em parte alguma, talvez, tanto quanto em Lourdes, as pessoas sentem-se levadas ao mesmo tempo à oração, ao esquecimento de si e à caridade [...].

Os melhores são empolgados pelo atrativo de uma vida mais totalmente dada ao serviço de Deus e dos seus irmãos; os menos fervorosos tomam consciência da sua tibieza e reencontram o caminho da oração; não raras vezes os pecadores mais empedernidos e os próprios incrédulos são tocados pela graça, ou, ao menos, se são leais, não ficam insensíveis ao testemunho daquela «multidão de crentes que tinham um só coração e uma só alma» (At 4, 32) [...].

Ora, o mundo, que tantos e tão justos motivos de ufania e de esperança oferece nos nossos dias, conhece também uma terrível tentação de materialismo, muitas vezes denunciada pelos nossos Predecessores e por Nós mesmos. Esse materialismo não está somente na filosofia condenada que preside à política e à economia de uma porção da humanidade; manifesta-se também no amor ao dinheiro, cujas devastações se amplificam à medida dos empreendimentos modernos, e que, infelizmente, comanda tantas determinações que pesam sobre a vida dos povos; traduz-se pelo culto do corpo, pela procura excessiva do conforto e pela fuga de toda a austeridade de vida; induz ao desprezo da vida humana, mesmo daquela que é destruída antes de ver a luz; está na demanda desenfreada do prazer, que se ostenta sem pudor e que até pelas leituras e pelos espetáculos tenta seduzir almas ainda puras; manifesta-se na indiferença para com o irmão, no egoísmo com que o esmaga, na injustiça que o priva dos seus direitos, numa palavra, nessa concepção de vida que regula tudo em vista somente da prosperidade material e das satisfações terrenas [...].

Lá onde a Providência o colocou, quem é que não pode fazer algo mais pela causa de Deus? O nosso pensamento volve-se primeiro para a multidão das almas consagradas, que, na Igreja, dedicam-se a inúmeras obras de bem. Os seus votos de religião aplicam-nas mais do que outras a lutar vitoriosamente, sob a égide de Maria, contra o desencadear, no mundo, dos apetites imoderados de independência, de riqueza e de gozo; por isso, ante o apelo da Imaculada, ao assalto do mal quererão elas opor-se pelas armas da oração e da penitência e pelas vitórias da caridade.

O nosso pensamento volve-se igualmente para as famílias cristãs, para conjurá-las a permanecer fiéis à sua insubstituível missão na sociedade. Consagrem-se elas, neste ano jubilar, ao Coração Imaculado de Maria! Este ato de piedade será para os esposos um auxílio espiritual precioso na prática dos deveres da castidade e da fidelidade conjugais; conservará na sua pureza o ambiente do lar, onde crescem os filhos; mais ainda, fará da família vivificada pela sua devoção mariana uma célula viva da regeneração social e da penetração apostólica.

E certamente, para além do círculo familiar, as relações profissionais e cívicas oferecem aos cristãos cuidadosos de trabalhar na renovação da sociedade um campo de ação considerável. [...] Cristãos de todas as classes e de todas as nações procurarão encontrar-se na verdade e na caridade, banir as incompreensões e as suspeitas. Sem dúvida, é enorme o peso das estruturas sociais e das pressões econômicas que se faz sentir sobre a boa vontade dos homens e que não raro a paralisa. Mas, se, como os nossos Predecessores e Nós mesmos com insistência o frisamos, é verdade que a questão da paz social e política é, no homem, antes de mais nada, uma questão moral, reforma nenhuma é frutuosa, acordo algum é estável, sem uma mudança e uma purificação dos corações. Lembra-o a todos a Virgem de Lourdes neste ano jubilar! [...]

«Quererás ter a bondade de vir aqui...», dizia a Santíssima Virgem a Bernadette. Esse convite discreto que não força, que se dirige ao coração e solicita com delicadeza uma resposta livre e generosa, é o que a Mãe de Deus propõe aos seus filhos da França e do mundo. Sem se impor, ela os preme a reformar-se a si próprios e a trabalhar com todas as suas forças na salvação do mundo. Não hão de os cristãos ficar surdos a esse apelo; irão a Maria. E é a cada um deles que, no termo desta Carta, quiséramos dizer com São Bernardo: «Nos perigos, nas angústias, nas incertezas, pensa em Maria... Seguindo-a, não te perderás; invocando-a, não desesperarás; pensando nEla, não te enganarás. Se Ela te segurar, não cairás; se Ela te proteger, não temerás; se Ela te guiar, não te cansarás; se Ela te conceder os seus favores, chegarás ao teu fim...»

NO 150º ANIVERSÁRIO
DAS APARIÇÕES
Homilia do Papa Bento XVI
Prairie, Lourdes
Domingo, 14 de setembro de 2008

«Ide dizer aos sacerdotes que se venha aqui em procissão e que se construa uma capela». É a mensagem que Bernadette recebeu da «bela Senhora» na aparição de 2 de março de 1858. Desde há 150 anos, os peregrinos não deixaram mais de vir à gruta de Massabielle para escutar a mensagem de conversão e de esperança que lhes é dirigida. O mesmo fazemos nós agora; eis-nos aqui esta manhã aos pés de Maria, a Virgem Imaculada, para aprendermos na sua escola com a pequena Bernadette.[...]

«Como é admirável possuir a Cruz! Quem a possui, possui um tesouro!» (Santo André de Creta, *Homilia X na Exaltação da Cruz*: PG 97, 1020.) Neste dia em que a liturgia da Igreja celebra a festa da Exaltação da Santa Cruz, o Evangelho que acabastes de ouvir lembra-nos o significado deste grande mistério: Deus amou de tal modo o mundo que lhe deu o seu Filho único, para que os homens sejam salvos (cf. Jo 3, 16). O Filho de Deus tornou-se vulnerável, assumindo a condição de servo, obedecendo até à morte e morte de cruz (cf. Fl 2, 8). É pela sua Cruz que nos salvamos. O instrumento de suplício que, na Sexta-Feira Santa, tinha manifestado o juízo de Deus sobre o mundo, tornou-se fonte de vida, de perdão, de misericórdia, sinal de reconciliação e de paz. «Para sermos curados do pecado, olhamos para Cristo crucificado!», dizia Santo Agostinho (*Tract. in Johan.*, XII, 11). Levantando os olhos para o Crucificado, adoramos Aquele que veio para assumir sobre si o pecado do mundo e dar-nos a vida eterna. E a Igreja convida-nos a erguer com ousadia esta Cruz gloriosa, a fim de que o mundo possa ver até onde chegou o amor do Crucificado pelos homens, por todos os homens [...].

É este grande mistério que Maria nos confia esta manhã, convidando-nos a voltar-nos para o seu Filho. Efetivamente é significativo que, na primeira aparição a Bernadette, Maria inicie o seu encontro com o sinal da Cruz. Mais do que um simples sinal, é uma iniciação aos mistérios da fé que Bernadette recebe de Maria. O sinal da Cruz é de alguma forma a síntese da nossa fé, porque nos diz quanto Deus nos amou; diz-nos que, no mundo, há um amor mais forte do que a morte, mais forte do que as nossas fraquezas e os nossos pecados. A força do amor é maior do que o mal que nos ameaça. É este mistério da universalidade do amor de Deus pelos homens que Maria veio revelar aqui, em Lourdes. Ela convida todos os homens de boa vontade, todos aqueles que sofrem no coração ou no corpo, a levantar os olhos para a Cruz de Jesus a fim de encontrar nela a fonte da vida, a fonte da salvação.

A Igreja recebeu a missão de mostrar a todos esse rosto de um Deus que ama, manifestado em Jesus Cristo. Saberemos nós entender que, no Crucificado do Gólgota, a nossa dignidade de filhos de Deus, ofuscada pelo pecado, nos foi restituída? Voltemos o nosso olhar para Cristo. É Ele que nos fará livres para amar como Ele nos ama e construir um mundo reconciliado. Pois, nesta Cruz, Jesus tomou sobre si o peso de todos os sofrimentos e injustiças da nossa humanidade. Carregou as humilhações e as discriminações, as torturas padecidas, por amor dEle, em tantas regiões do mundo pelos nossos irmãos e irmãs sem número. Confiamo-los a Maria, Mãe de Jesus e Mãe nossa, presente ao pé da Cruz.

Para acolhermos em nossas vidas esta Cruz gloriosa, a celebração do Jubileu das aparições de Nossa Senhora de Lourdes faz-nos entrar num caminho de fé e conversão. Hoje, Maria vem ao nosso encontro para nos indicar os caminhos de uma renovação da vida das nossas comunidades e de cada um de nós. Acolhendo o seu Filho, que Ela nos apresenta, mergulhamos numa fonte viva onde a fé pode alcançar um novo vigor, onde a Igreja pode fortalecer-se para proclamar, com audácia sempre maior, o mistério de Cristo [...].

Seguindo o percurso jubilar na esteira de Bernadette, é-nos lembrado o essencial da mensagem de Lourdes. Bernadette é a filha maior de uma família muito pobre, que não possui ciência nem poder, e é frágil de saúde. Maria escolhe-a para transmitir a sua mensagem de conversão, oração e penitência, em plena sintonia com a palavra de Jesus: «Escondeste estas coisas aos sábios e aos entendidos e as revelaste aos pequeninos» (Mt 11, 25). No seu caminho espiritual, também os cristãos são chamados a fazer frutificar a graça do seu Batismo, a alimentar-se da Eucaristia, a haurir da oração a força para dar o testemunho e ser solidários com todos os seus irmãos em humanidade. Trata-se, por conseguinte, de uma verdadeira catequese que nos é proposta sob o olhar de Maria. Deixemos que a Virgem nos ensine também a nós e nos guie pelo caminho que leva ao Reino do seu Filho![...]

Queridos irmãos e irmãs, a vocação primeira do santuário de Lourdes é ser um lugar de encontro com Deus na oração e um lugar de serviço aos irmãos, sobretudo através do acolhimento dos enfermos, dos pobres e de todas as pessoas que sofrem. Neste lugar, Maria vem ao nosso encontro como Mãe, sempre disponível às necessidades dos seus filhos. Através da luz que emana do seu rosto, transparece a misericórdia de Deus. Deixemo-nos envolver pelo seu olhar: este diz-nos que todos somos amados por Deus, que Ele jamais nos abandona! Maria vem recordar-nos que a oração, intensa e humilde, confidente e perseverante, deve ter um lugar central na nossa vida cristã. A oração é indispensável para acolher a força de Cristo. «Quem reza não desperdiça o seu tempo, mesmo quando a situação apresenta todas as características de uma emergência e parece impelir unicamente para a ação» (Enc. *Deus caritas est*, n. 36). Deixando-se absorver pelas atividades, o homem corre o risco de fazer perder à oração a sua especificidade cristã e a sua verdadeira eficácia. A oração do Rosário, tão querida a Bernadette e aos peregrinos de Lourdes, concentra em si a profundidade da mensagem evangélica. Introduz-nos na contemplação do rosto de Cristo. Nesta oração dos humildes, podemos alcançar abundantes graças [...].

A mensagem de Maria é uma mensagem de esperança para todos os homens e mulheres do nosso tempo. Gosto de invocar Maria como Estrela da esperança (Enc. *Spe salvi*, n. 50). Nas estradas das nossas vidas, por vezes tão sombrias, Ela é uma luz de esperança que nos ilumina e orienta no nosso caminho. Por meio do seu «sim» e com o dom generoso de si própria, Ela abriu a Deus as portas do nosso mundo e da nossa história. E convida-nos a viver como Ela numa esperança invencível, recusando-nos a escutar os que pretendem que somos prisioneiros do destino. Ela acompanha-nos com a sua presença maternal no meio dos acontecimentos da vida das pessoas, das famílias e das nações. Felizes os homens e as mulheres que depositam a sua confiança nAquele que, na hora de oferecer a sua vida pela nossa salvação, nos deu a sua Mãe para que fosse a nossa Mãe!

Cronologia
de Santa Bernadette Soubirous

1844   *7 de janeiro*: Marie-Bernarde Soubirous nasce no Moinho de Boly, em Lourdes, França, primeira filha do casal François, moleiro, e Louise Soubirous, lavadeira.

1854   *8 de dezembro*: Pio IX publica a bula *Ineffabilis Deus* em que proclama o dogma da Imaculada Conceição.

1855   Bernadette contrai cólera aos 11 anos. Apesar de sobreviver, sofrerá graves crises de asma para o resto da vida.

No mesmo ano, a família recebe a herança da avó materna de Bernadette e aluga um moinho em um vilarejo próximo.

1856   A família volta a Lourdes falida e endividada.

1857 *Janeiro de 1857:* Sem condições de pagar o aluguel da casa onde residem, François, Louise e os quatro filhos acabam por morar em um cômodo sombrio e minúsculo (3,72 x 4,40 m) na rua Petits-Fosses. O espaço, cedido por um parente, tinha servido antes como uma espécie de calabouço para presos à espera de julgamento. Louise envia Bernadette para passar o resto do inverno com a madrinha.

1857 *Setembro:* Bernadette vai morar com a antiga ama de leite em Bartrès. Lá, entre outras funções, ajuda a pastorear ovelhas.

1858 *Janeiro*: Volta a Lourdes para preparar-se para a Primeira Comunhão. Nesse mesmo mês, começa a estudar na turma dos indigentes da escola administrada pelas Irmás da Caridade de Nevers.

11 de fevereiro, quinta-feira: Primeira aparição da Virgem em na gruta de Massabielle. Bernadette reza o terço e, terminada a oração, a Senhora desaparece.

14 de fevereiro, domingo: Bernadette volta à gruta acompanhada de cerca de doze amigas da mesma idade. Começam a rezar o terço e, após a primeira dezena, a Senhora aparece. Para certificar-se que não se trata de uma manifestação diabólica, Bernadette atira-lhe água benta. A Senhora sorri e inclina a cabeça. Terminado o terço, a Visão desaparece.

18 de fevereiro, quinta-feira: A Dama fala pela primeira vez. Diz a Bernadette que não lhe promete a felicidade neste mundo, mas no outro, e pede que a menina vá à gruta durante quinze dias seguidos.

19 de fevereiro, sexta-feira: Bernadette vai à gruta levando consigo uma vela. Estava acompanhada de oito pessoas, dentre elas a mãe e a madrinha. A Senhora aparece e, ao despedir-se, pede-lhe que deixe a vela à entrada da gruta.

20 de fevereiro, sábado: A Senhora ensina uma oração a Bernadette. Quando o encontro se encerra, Bernadette é invadida por uma imensa tristeza.

21 de fevereiro, domingo: A Senhora aparece a Bernadette bem cedo. Após o encontro, a menina é interrogada pelo comissário de polícia.

23 de fevereiro, terça-feira: A Senhora revela a Bernadette um segredo que não deve ser contado a mais ninguém.

24 de fevereiro, quarta-feira: A mensagem da Senhora é: «Penitência! Penitência! Penitência! Reze a Deus pelos pecadores! Beije o solo como ato de penitência pelos pecadores!»

25 de fevereiro, quinta-feira: A Senhora pede a Bernadette que beba água da fonte. Bernadette vai ao rio Gave para beber, mas a Senhora chama-a para dentro da gruta e aponta uma poça d'água. Bernadette cava e, após três tentativas, vê jorrar água limpa e bebe. Depois, a Senhora pede que ela coma da relva que também crescia na gruta.

27 de fevereiro, sábado: A Aparição permanece calada. Bernadette bebe da água e faz a sua penitência usual.

28 de fevereiro, domingo: Bernadette reza, caminha de joelhos e beija o solo. Após a visão, o juiz convoca a menina e ameaça prendê-la.

1º de março, segunda-feira: Durante a aparição, realiza-se o primeiro milagre de Lourdes. Uma senhora recupera o movimento do braço após banhá-lo na fonte cavada por Bernadette.

2 de março, terça-feira: A Senhora pede a Bernadette que diga aos sacerdotes que organizem uma procissão à gruta e construam ali uma capela.

3 de março, quarta-feira: Bernadette, orientada pelo vigário de Lourdes, pergunta o nome da Senhora, que responde com um sorriso.

4 de março, quinta-feira: Senhora aparece e permanece em silêncio. Bernadette fica proibida de voltar a Lourdes por vinte dias.

25 de março, quarta-feira: A Senhora enfim revela seu nome: «Eu sou a Imaculada Conceição». *Que soy era immaculada councepciou*, em dialeto *patois*. As palavras perturbam o vigário local, já que Bernadette ignorava a expressão e a proclamação do dogma.

7 de abril, quarta-feira: Durante a Aparição, a vela acende-se na mão de Bernadette. A chama toca sua mão por vários minutos sem a queimar, fato imediatamente constatado por um médico.

16 de julho, sexta-feira: Bernadette sente o chamado para ir à Gruta, que estava bloqueada por uma cerca. A vidente permanece na outra margem do rio e vê a Senhora, mais bela do que nunca.

1862　*18 de janeiro*: O bispo de Tarbes reconhece a veracidade das aparições.

1863　Começa a colaborar com as Irmãs da Caridade no asilo que mantêm em Lourdes.

1864　*4 de abril:* Solicita o ingresso como religiosa das Irmãs da Caridade após um longo período de discernimento.

Outubro-novembro: Passa um período longe de Lourdes enquanto aguarda a resposta à sua solicitação.

1865　*Fevereiro:* É aceita como postulante no convento de Nevers.

1866　*3 de julho:* Parte para Nevers após um almoço com toda a família no moinho Lacadé, residência dos Soubirous.

29 de julho: toma o hábito religioso e assume o nome de Irmã Marie-Bernarde.

1867　*30 de outubro*: faz a profissão religiosa após recuperar-se de uma doença grave.

1869 Recomeçam os problemas de saúde.

1876 Consagra-se a Basílica da Imaculada Conceição, em Lourdes.

1878 *11 de dezembro:* A doença agrava-se, e Bernadette fica permanentemente de cama.

1879 *16 de abril:* Bernadette falece em Nevers.

1925 *2 de junho:* Bernadette é beatificada pelo Papa Pio XI.

1933 *8 de dezembro:* O Papa Pio XI canoniza Bernadette diante de uma multidão de fiéis em Roma.

Direção geral
Renata Ferlin Sugai

Direção editorial
Hugo Langone

Produção editorial
Gabriela Haeitmann
Juliana Amato
Ronaldo Vasconcelos

Capa
Gabriela Haeitmann

Diagramação
Sérgio Ramalho

ESTE LIVRO ACABOU DE SE IMPRIMIR
A 02 DE OUTUBRO DE 2022,
EM PAPEL PÓLEN NATURAL 70 g/m².